KB036686

마을 만들기를 위해 알아야 할 28가지

충남발전연구원 현장 총서 002

마을 만들기를 위해 알아야 할 28가지

1판 1쇄 펴낸날 2015년 4월 10일
1판 2쇄 펴낸날 2017년 7월 15일

지은이 폴 매티시
옮긴이 장수찬
펴낸이 장은성
만든이 김수진
인　쇄 대덕인쇄
제　본 자현제책
종　이 성진페이퍼

출판등록일 2001.5.29(제10-2156호)
주소 (350-811) 충남 홍성군 홍동면 운월리 368번지
전화 041-631-3914
전송 041-631-3924
전자우편 network7@naver.com
누리집 cafe.naver.com/gmulko

마을 만들기를 위해 알아야 할 28가지

Community Building: What Makes It Work

폴 매티시 지음 | 장수찬 옮김

충남발전연구원 현장 총서   002

그물코

차례

지속 발전가능한 마을 만들기에
필수적인 요인은 무엇인가?

    지금까지 수많은 마을 만들기 사업이 시도되었지만 극히 일부 지역을 제외하곤, 절대 다수의 사업들은 마을을 만들기 보다는 정부 사업 자체가 마을의 갈등 요인이 되거나 심지어 마을을 해체하는 결과를 낳았다. 이제 절대 다수의 마을 활동가들과 연구자들은 정부의 풍부한 재정적, 행정적 혹은 자문이나 전문가 지원이 성공적 마을 만들기를 위한 충분조건이 되지 못한다는 것을 잘 알고 있다. 따라서 다수의 활동가들은 주민 자치 역량이 전제되지 않은 마을 만들기는 장기적으로 지속 가능하지 않다는 것을 깨닫게 되었다.

    이 책은 마을 만들기에 필요한 성공요인들을 경험주의적 데이터 분석에 기초하여 제시한다. 지금까지 많은 저자들이 마을 만들기와 관런한 새로운 접근 방식과 원칙을 제시했지만, 이 책처럼 수많은 경험 사례들을 분석하고 과학적 근거에 기초하여 성공의 핵심 요소들을 체계적으로 정리하여 제시하지는 못했다. 연구자들은 초기에 525개의 사례들을 조사하였고, 장기적 관점에서 지역공동체 만들기에 성공했다고 판단되는 사례 48개에 기초하여 '마을 만들기를 위해 알아야 할 28가지 성공 요소'를 추려냈다. 한마디로 얘기하면, 28가지 요소들을 전부 가지고 있는 지역이 마을 만들기에 가장 성공한 것으로 나타났고, 가장 적게 가지고 있는 지역이 실패한 것으로 드러났다.

이 책은 기본적으로 마을 만들기와 관련된 '사업 성과'에 초점을 맞추기 보다는 지역 주민들의 사회적 역량(자치 역량)에 초점을 맞추고 있다. 왜냐하면 단기적으로 상당한 사업 성과를 냈던 지역도 지역 주민들의 자치 역량이 성장하지 못하면 장기적으로 마을 만들기는 지속 가능하지 못한 것으로 나타났기 때문이다. 마을 만들기는 주민 내부의 동기에서 출발하여야 하며, 주민 주도적으로 시작되어야 한다. 주민 주도적인 사업의 성공과 실패 여부는 기본적으로 주민들의 사회적 역량에 의해 결정된다. 주민들의 사회적 역량이란, 기존 사회적 네트워크의 존재, 문제 해결과 집단 결정에 대한 기술, 내부 커뮤니케이션의 항시적 확보, 신뢰와 협동을 통한 문제 해결 능력 등이다. 따라서 사업을 통해 마을 사람들이 자신들의 문제를 풀어 갈 수 있는 역량이 강화되고 있는가는 대단히 중요하다. 기존의 마을 만들기 사업이 실패한 주요한 이유 중 하나는 '사업 성과주의'에 있었다. 이 책은 성과주의에서 '과정'과 '성과'를 동시에 중요하게 보는 관점으로 전환을 요구하고 있다.

마을은 가장 작은 자치 단위이다. 스스로를 다스리기 위한 훈련과 학습이 일어나는 민주주의 현장이다. 민주주의적 절차를 통해 합의하고 협력해서 주민들이 직면한 문제를 풀어야 한다. 주민들이 자신들의 문제에 대해 집단 행동을 조직할 수 있다면, 마을이 주민들의 자치 역량을 키울 수 있는 최선의 민주주의 학교이다. 마을 단위 자치 역량 없이 읍·면·동 단위 자치체를 만드는 것은 불가능하며, 나아가서 국가적 단위에서 거버넌스를 실현하기란 더욱 불가능하다.

그리고 마을 만들기는 공익 문제에 대한 개인들의 참여가 이루어지는 출발선이다. 마을의 오래된 전통 속에는 개인과 마을(공익) 간에 균형이 존재했다. 따라서 한국의 마을은 인간 상호 의존성의 최전방이며, 자발적 공공 운동의 기반이며 시작점이었다. 공익과 개인 이익의 균형과 이해가 발생하는 시작점이다. 즉 공공성에 대한 이해, 공익 문제에 대한 책임과 참여의 출발점이다. 마을이야말로 한국 사회가 공화주의를 복원하고 실천하는 시작점이라고 확신한다.

마을이 중요한 이유가 더 있다. 마을은 주민들의 문화적 정체성이고 휴식 공간이다. 마을의 문화 유산과 자연 유산을 복원하여 자신들의 스토리를 갖게 함으로써 마을에 대한 정체성을 갖게 해야 한다. 마을이 떠나야 할 비루한 삶의 터전이 아니라, 자랑스러운 박물관이고 최선의 놀이 공간이고 휴식 공간이 되도록 해야 한다. 주민들이 마을에 대한 높은 정체성을 가질 때 마을은 새롭게 탄생한다.

이 책이 위에서 언급한 마을의 원래 기능을 복원하는 데 보탬이 되기를 기원한다. 그리고 마을 만들기를 위해 헌신하고 땀 흘리는 모든 사람들이 자신들의 마을 만들기 사업을 점검하고 평가해 보는 체크리스트로 쓰이기를 희망한다. 현재 한국 사회에서 지속 가능한 마을 만들기에 상대적으로 성공하고 있다고 평가 받는 전북 진안군 마을 만들기 10년의 경험을 살펴보면, 이 책에서 제시하는 28개 요소들을 확연히 발견할 수 있다. 이 책은 지속 가능한 마을 만들기를 위해 "더디 가지만 제대로 가는 길"을 가르쳐 주고 있다.

이제 여러분이 그 길을 갈 차례이다.

2015년 4월
장수찬

들어가며

뉴욕 할렘 지역 119번가의 마을 만들기 운동

이 마을 사람들은 지역에서 일어나는 변화를 실감하고 있다. "지역 경제가 다시 살아나기 시작했다. 지역이 깨끗해졌다. 젊은 피가 우리를 하나로 묶었다." 이 지역에서 오랫동안 살아온 올해 여든여섯 살 고든 씨의 말이다. 젊은 사람들은 이 마을에서 오랫동안 살아온 사람들과 새로운 인간관계를 만들기 위해, 주택을 공동으로 수리하기 위해 그리고 더 나은 서비스를 찾아서 협력하기 시작했다. 마을 사람들은 기존에는 없었던 깊은 책임감을 서로 느끼고 있다.

119번가의 집들은 낡고 버려졌으며, 마약과 폭력은 오랫동안 이 지역의 일상이 되어 왔다. 그러나 이 마을에는 지역에 뿌리박은 교회가 있었으며, 임대 주택 세입자들이 시 당국으로부터 구입해서 사는 공동 임대 아파트 단지가 있고, 마을에 대한 애정과 풍부한 경험을 가지고 오랫동안 이 지역에 살아온 이웃들이 있었다. 마을 만들기 프로젝트 '우리 마을이 좋아'는 이러한 요소들에 기초하여 축제를 만들고, 작은 마을 단위의 파티를 조직하고, 학생들을 위해 가정 학습을 제공하고 여름휴가 기간 동안 주말마다 작은 워크숍을 열었다.

앞으로 뉴욕 시 당국은 119번가에서 시가 소유한 건물들을 소상공인이나 지역 사회 비영리단체, 임대 주택 세입자들에게 매매할 계획이고 이를 통해 지역을 복원할 예정이다. 세입자들이 좀 더 교육되고 조직화되어서 공동의 행동을 할 수 있는 시기가 오면, 뉴욕 시는 시가 소유한 주변 주택들을 세입자들에게 완전히 양도할 계획이다.

버지니아의 아이반호 농촌 마을 만들기 운동

이 지역에서는 주요 기업이 문을 닫으면서 경제 위기와 리더십 공백이 동시에 발생했다. 기업이 없어지면서 지역 리더들도 함께 지역을 떠났다. 지역 주민들은 리더십의 공백을 메우고 마을 공동체를 유지하기가 쉽지 않음을 깨달았다. 사람들은 대부분 지역 사회가 위기에 봉착하자 심각한 무력감에 빠져들어 자신들이 할 수 있는 일이 거의 없다고 느꼈다.

무기력함의 와중에서 놀라운 변화가 일어났다. 몇몇 지역 주민들이 마을 조직과 리더십 기술을 배우기 위해 세미나에 참석하기 시작한 것이다. 그들은 회의를 어떻게 끌어 가야 하며, 미디어는 어떻게 활용해야 하는지, 마을 사람들과 효과적으로 소통하려면 어떻게 해야 하는지 그리고 모금은 어떤 식으로 해야 하는지를 배워 나갔다. 정치와 경제 시스템이 어떻게 작동하는지도 배우기 시작했으며, 나아가 어떻게 하면 정부 기구와 경제 단체들을 활용하여 마을 만들기

11

에 필요한 도움을 얻을 수 있는지도 배워 나갔다. 그런 과정에서 마을 사람들은 자신들의 능력에 확신을 품기 시작했으며 자신들을 존중하게 되었다. 그들은 이웃 사람들을 조직했고, 토론회를 열었으며 마을 전체가 참여하는 행사를 만들었다. 이러한 활동들을 통해 주민들 사이에 지지를 넓혀 갔으며, 조직 기술과 리더십 기술 등이 향상되면서 마을 공동체를 정상 궤도로 올려놓을 수 있다는 '희망'을 품게 되었다. 다시 이 지역으로 산업을 끌어들이고 마을을 복원하자는 운동은 완전히 탄력을 받았고, 이 마을 공동체는 되살아나고 있다.

캘리포니아 주 오클랜드의 마을 만들기 운동

오클랜드의 마을 만들기 운동은 저소득층 주민들과 새로 이주해온 이민자들이 이 지역에 부족한 의료 서비스를 해결하기 위해 조직되었다. 집집마다 찾아다니고 지역의 주요 리더들과 접촉하면서 주민들을 동원해 나갔다. 지역 주민들은 각자 음식을 준비해 와서 다같이 나눠 먹는 '마을 공동 밥상'과 토론회를 조직했다. 이웃들이 서로 가까워지자 리더들은 먼저 지역에서 가장 시급한 의료 서비스인 '아동 예방접종 실시'를 제안했다.

아프리카 시에라리온 북부 지방에서 일어난 마을 만들기 운동

이 마을 주민들은 물을 구하기 위해 하루에 몇 시간을 보내는 일이 일상이었다. 때로는 물을 구하기 위해 육 킬로미터를 걸어야 할 때도 있었다. 주부 열다섯 명이 모여 마을 우물을 개선하기 위해 자원을 찾기 시작하고 조직을 꾸렸다. 마을 촌장과 만난 자리에서 주부 두 사람을 대표로 선택했다. 마을 회합이 이루어졌고 여기에서 마을 주민들을 대표할 다섯 사람을 뽑아 위원회를 꾸렸다. 위원회는 마을 부(副)촌장, 장년회 대표, 주부 두 명과 마을 학교 교장으로 구성되었다. 마을 주민들의 지원 속에 위원회는 우물 개선 사업에 필요한 재정을 확보해서 우물을 파고, 개량된 우물을 관리하는 역할을 담당했다.

앞에서 말한 네 군데 사례들은 공통된 의제를 가지고 있는데 그것은 "어떻게 특정 지역 주민들이 마을 만들기를 하는가?"라는 것이다.

- 어떻게 해야 마을 사람들의 관계망을 증진하고 유지할 것인가?
- 어떻게 주민들의 문제 해결 능력과 집단 의사 결정 기술을 향상할 수 있는가?
- 어떻게 공동 목표를 설정하고 이를 수행하기 위해 효과적으로 협력할 수 있는가?

다시 말해 새로운 서비스를 끌어들이고 '주택 개선 사업', '학교 활성화 사업', 혹은 '오랫동안 버려진 건물과 지역을 복원하는 사업' 등과 같은 단위 사업들을 이루기 위해 다른 자원들과 조합할 능력을 어떻게 개발할 것인가?

삶을 자신들 스스로 조직해 보고자 하는 마을 사람들, 오랜 기간 동안 점점 황폐해지는 마을을 복구하려 애쓰는 선출직 공직자들, 자원을 최적으로 분배하기를 원하는 지역 재단 관계자들 그리고 자신들의 삶을 자신들이 통제하고 싶어 하는 시민들. 이들 모두는 "마을 만들기를 위한 최선의 방안이 무엇인가?"라는 문제의식을 공유하고 있다.

그렇다면 성공적인 마을 만들기의 요소들은 무엇인가? 무엇이 성공 사례와 실패 사례를 가늠하는가? 이러한 질문을 가지고 성공 요인들에 대한 몇 가지 중요한 요소들을 서술해 보고자 한다. 이 책을 통해서 이루고자 하는 것은 다음과 같다.

- 이 책을 통해 마을 공동체를 발전시키고자 노력하는 사람들과 후원자들에게 도움이 되는 도구를 제공한다.
- 지금까지 진행한 연구 조사 결과를 종합하여 '마을 만들기 전략' 매뉴얼을 만든다.

최근 들어 많은 사람들이 선진 국가에서 마을 공동체가 사라지고 있음을 개탄해 왔다. 정치가, 비영리 기관들, 재정 후원자, 학교 기관 그리고 지역의 많은 사람들은 마을 만들기의 중요성을 말해 왔다. 그러나 사람들의 관심을 어떻게 마을로 불러 일으킬지 그리고 마을 만들기에 어떤 요소들이 가장 중요한지에 대한 공통된 인식이 없었다. 이 주제에 대한 많은 연구가 진행되었지만 어떤 출판물도 지역 주민들, 재정 후원자, 정책 결정자 그리고 지역 복원을 위한 최선의 방안을 찾는 주민들이 쉽게 볼 수 있는 종합적인 책을 내놓지 못했다. 마을 만들기에 관여해 온 사람들은 실용적이고, 실제 조사에 기초하면서도, 자신들의 사업에 효과적인 지침을 제공하는 안내서를 원하고 있다.

마이클 패튼에 따르면, 정보화 시대의 주요한 도전은 이용 가능한 정보를 어떻게 가려내고 소화한 다음 사용할 것인가의 문제이다. 식

품영양학, 에너지 보존, 교육, 범죄학, 금융 투자, 기업 경영, 국제 발전 등의 영역에서 가장 핵심적인 문제는 사람들이 이미 아는 지식을 어떻게 적용할 것인가이다. 마을 만들기 과정에서도 우리가 이미 아는 것을 어떻게 적용할 것인가가 가장 핵심적인 문제이다.

이 책은 마을 만들기 초기 단계에 필요한 경험적 교훈에 대한 욕구를 충족시켜 줄 것이다. 우리는 이 책을 쓰기 위해 다양한 마을 보고서를 구분하고 그것이 무엇을 말하고자 하는지를 가려낸 뒤 보고서의 경험적 교훈을 그룹화하는 데 많은 시간을 들였다. 기존의 마을 만들기 경험을 분류하고 교훈을 도출하는 작업은 마을 만들기에 흥미는 있으나 시간이 부족한 사람들을 위해 반드시 해결해 주어야 할 숙제였기 때문이다. 따라서 이 책은 마을 활동가들에게 자신들의 활동 방향과 내용을 질문하고, 재검토하게 하며, 토론하고, 논쟁하는 데 많은 도움을 줄 것이다.

이 책의 관점에 관해서

마을 공동체를 강화할 수 있는 현실적 방안에 관심이 있는 사람들에게 유용한 책이 되기 위해서는 관점을 분명히 할 필요가 있다. 우리가 적용한 원칙은 다음과 같다.

첫째, 우리가 초점을 맞추는 마을은 사람들이 사는 곳을 기반으로 이루어진 가장 흔한 형식의 공동체이다

둘째, 이 책은 주민들의 생활 조건을 향상시키기 위한 사회적 능력이나 사회적 준비 정도를 예시해 주는 '마을 공동체 역량'에 초점을 맞추고 있다.

15

셋째, 이 책은 마을에 필요한 여러 가지 역량들이 아니라 오직 마을 만들기에 필요한 주민들의 사회적 · 정치적 역량에 관심이 있다.

넷째, 이 책은 사업 성과 그 자체보다는 마을 만들기를 위해 필요한 지역 사회의 내부 잠재력, 즉 사회적 능력에 초점을 맞춘다.

다섯째, 다양한 연구들을 종합해 내기 위해 어떤 용어들은 새롭게 정의해서 썼다.

삶의 현장인 '마을 공동체'에 초점을 맞추는 것은 무엇을 의미하는가?

공동체라는 말은 아주 광범위하고 다양하게 쓰인다. 대중 매체들은 비즈니스 공동체, 미디어 공동체, 예술가 공동체 등을 언급하기도 하고, 히스패닉 공동체, 유태인 공동체, 혹은 다른 소수 민족 공동체를 언급하기도 한다. 정보화 시대에 들어와서는 인터넷 공동체라는 용어도 쉽게 접할 수 있다.

공동체를 연구하는 학자들 사이에서도 공동체에 대한 표준화된 정의는 존재하지 않는다. 조사 연구 팀으로서 우리가 해야 했던 첫 번째 작업은 공동체에 대한 정의를 내리는 일이었다. 우리가 원하는 공동체의 정의는 구체적이고 표준화되어 있으면서도 포괄적이어서 모든 사례들을 설명하기에 부족하지 않은 것이어야 했다. 기존 연구에 사용된 공동체 정의는 대략 스물다섯 가지 정도였다. 그리고 다른 연구자들과 활동가들의 의견을 청취했는데 공동체 정의에 대한 다양한 서술을 이 책의 부록1에 실었다.

다양한 정의를 검토한 후, 우리는 다음과 같은 공동체 형태에 초점을 두기로 결정하였다.

지리적으로 특정 지역 안에 살고, 주민들 사이에 사회적 · 심리적 끈을 가지고 있는 공동체

이러한 마을 공동체에는 두 가지 중요한 요소가 있다.

첫째, 지역은 중요한 의미가 있다. 마을 공동체는 특정 지역 안에 사는 사람들과 관련이 있다. 기본적으로 마을 공동체는 '살고 있는 사람들'로 구성된다. 만약 당신이 어디에 사느냐고 질문을 받으면, 집이나 아파트 혹은 주거 지역을 떠올릴 것이다. 이것이 우리가 마을 공동체를 정의할 때 지역적 측면과 지역에 대한 심리적 · 사회적 소속감을 강조하는 이유이다. 이 책에서 사용하는 공동체의 정의는 다양한 선행 연구에서도 가장 많이 쓰였다. 마을 공동체란 도시의 이웃, 작은 동네, 마을, 혹은 가정으로 언급되는 곳이다.

둘째, 심리적 · 사회적 결합 또한 마을 공동체의 중요한 한 측면이다. 우리의 정의에 따르면 심리적 · 사회적 소속감은 마을 만들기에서 중요한 요소를 차지한다. '사회적 끈' 혹은 '결합'이란, 특정 지역 안에서 주민들 사이에 친척이나 친구 관계 혹은 친숙함에 기초한 많은 상호 작용이 있다는 것을 의미하고, 마을 관련 행사에 참여하거나, 어떤 형태의 경제적 교환 관계(상품이나 서비스를 구매하거나, 지역에 있는 다양한 산업에 종사하거나 등등)를 맺고 있다는 것을 의미한다.

심리적 결합이란 마을에 대한 애착과 같은 마을 사람으로서 느끼는 동질성, 마을에 대한 소속감과 더불어 그 지역에 사는 동료 시민들에 대한 존경과 책임감, 우정 그리고 애정을 품는 것을 의미한다.

이 책에서 사용하는 마을 공동체 정의에는 다양한 사회적 네트워크

를 포함하지 않는다. 쉽게 알 수 있듯이, 이 책에서 말하는 마을 공동체개념에는 동질적 공동체(흑인 공동체나 게이 공동체 등), 직업 공동체(스포츠 공동체나 비즈니스 공동체 등) 그리고 신앙 공동체(침례교 공동체나 무슬림 공동체 등)를 포함하지 않는다. 그리고 단지 가족이나 친척 혹은 친구 관계에 기초한 공동체도 포함하지지 않는다.

물론 이런 모든 형태의 공동체는 중요하다. 그러나 모든 공동체를 우리의 연구에 포함하면 연구 범주가 지나치게 확대될 위험이 있다. 그리고 마을 만들기에 필요한 효과적인 전략을 발전시키는 데 많은 무리가 따를 것으로 판단했다. 그리고 일반 사람들에게 가장 친숙한 개념인 '마을 공동체' 연구로부터 벗어날 가능성이 높다고 보았다.

공동체의 사회적 역량에 초점을 맞추는 것은 무엇을 의미하는가?

우리는 '마을 공동체' 개념에 연구를 집중하기로 결정하고 나서, 연구 초점을 '마을 만들기'에 맞출 것인지 아니면 마을 공동체의 지위 혹은 기능적 측면에 맞출 것인지를 결정해야 했다. 기본적으로 마을의 생활 조건을 향상시키거나 이를 이루기 위한 '사회적 능력' 혹은 '사회적 준비 정도'를 파악하는 것이 '마을 만들기'를 이해하는 데 관건이 된다.

'공동체 사회적 역량'이란 "개별 지역 사회가 자신들이 직면한 사회·경제·정치 문제들을 협력해서 해결할 수 있는 능력"을 말한다. 이를 사회적 자산이나 사회적 자본이라고 부르는 연구자들도 있다. 사회적 역량이 높은 마을은 자신들의 문제와 필요를 정확히 파악할 줄 알고, 자신들의 목표와 선호도에 대한 합의를 끌어낼 능력이 있으며 그리고 이러한 목표를 이루기 위해서 협력한다. 이러한 능력은 대부분의 지역 사회에 어느 정도는 존재한다. 이 책은 사회적 능력에 영향을 미치는 요소들을 연구하고 검토한다.

마을 만들기 주체 역량에 초점을 맞춘다

'마을 만들기 주체 역량'이란 마을 사람들의 사회적 역량을 높이기 위해서 이루어지는 일련의 활동을 의미한다. 이러한 활동들은 마을 주민들이 주체적으로 결정하고 합의함으로써 혹은 외부 노력의 결과로 시작될 수 있을 것이다. 우리 연구의 목표는 마을 만들기 주체 역량의 성공적 결과를 이끈 요소들을 가려내는 일이다. 예를 들면, 존 가드너가 1993년에 펴낸『마을 공동체 만들기(Community Building: An Overview Report and Case Profiles, 1993)』에서 말했듯이 "마을 사람들 사이에 어떻게 네트워크가 구축되기 시작했으며, 상호 책임과 주인 의식에 기초한 행위들이 어떻게 자리 잡아 가게 되었는가"를 연구하는 것이다.

과업 성취보다는 사회적 역량에 초점을 맞춘다

'과업 성취' 혹은 '목표 달성'이란 최적의 심리적·사회적·정신적·환경적 복지를 이루어 낼 뿐만 아니라 주민들 일상생활의 욕구와 필요를 충족시키는 것을 뜻한다. '목표 달성'은 매우 많은 요소들에 따라 달라질 수 있다. 즉 경기 후퇴와 노령 인구 증가 같은 경제적·사회적 변화, 정부의 지역 균형 정책이나 중앙 집중화 정책 같은 정치적 요소들, 전쟁이나 지진과 같은 지리 환경적 요소 그리고 마을의 사회적 역량과 같은 요소들에 따라 마을 만들기 활동은 목표를 이루기도 하고 실패하기도 한다.

따라서 과업 성취나 목표 달성이 마을 만들기 과정의 결과가 아님을 인식하는 것이 중요하다. 마을 만들기 노력의 결과는 과업이나 목표를 이루기 위해 향상된 사회적 능력과 주민들 속에 높아진 공동체 의식이다. 다시 말하자면 실제적인 목표 달성이 아니라 지역 사회 혹은 다른 주민들에 대한 사회적·심리적 일체감의 강화를 의미한다.

우리의 연구는 마을 만들기를 궁극적인 과업 달성으로부터 분리한다. 마을의 사회적 능력은 마을 공동체가 사업들을 수행할 수 있도록 만드는 다양한 자원으로 구성된다.

다른 연구자들과 마을 활동가들도 이 두 개념 사이의 차별성을 분명히 하고 있다. 예를 들면, 경제발전위원회는 지역 사회 문제를 해결하기 위한 전제 조건으로 '사회적 자본'의 중요성을 강조한다.

사회적 자본이란 개인, 가족 그리고 조직들 사이의 관계를 통해 사회를 하나로 묶는 태도와 행태 그리고 마을의 결속제이다. 이러한 사회적 자본 없이 개인, 가족 혹은 지역 사회에서 생기는 문제들을 해결하기란 거의 불가능하다.

사회적 능력이 높은 마을에서 삶의 질을 향상시킬 수 있는 가능성은 분명히 있지만, 삶의 질을 결정하는 것은 사회적 능력만이 아니다. 외부 요소들인 경제, 사회, 정치 그리고 환경의 힘이 강한 영향력을 미친다. 예를 들면, 가장 잘 기능하는 마을 공동체라 할지라도 자신들이 전혀 통제할 수 없는 전쟁이나 가뭄 혹은 외부 범죄 집단 등에 의해 크게 영향을 받는다.

외부 요소들의 중요성은 분명하다. 효과적인 마을 만들기 활동들은 부분적으로 강한 경제 기초를 필요로 한다. 예를 들면, 고용과 인플레이션, 세계 시장에서 달러의 가치 등과 같은 외부 경제 조건은 마을의 경제 기초에 영향을 미친다. 그러나 어떤 마을도 이들 외부 요소에 영향을 미칠 수 있는 위치에 있지 않다.

따라서 우리의 연구는 특정 마을 만들기 과정과 마을의 사회적 능력의 관계를 경험적으로 검토하는 데 집중한다. 즉 어떤 요소들이 마을 만들기 활동을 마을의 사회적 능력 배양으로 이어지도록 만드는가를 밝혀보는 것이다.

몇 가지 중요한 용어 설명

이 책에서 우리는 혼동을 피하기 위해서 몇 가지 용어를 일관되게 사용하고자 한다.

- 리더: 마을 만들기 리더들은 마을 전체의 주체 역량과 부분적 역량, 특정 사업이나 기능을 맡아서 지역 사회 주체 역량을 경영하고 지휘하는 역할을 담당하는 사람들을 말한다. 우리의 정의에 따르면, 리더들은 마을에 살아야 한다.
- 활동가: 마을 만들기 과정을 디자인하고, 실행하며, 경영하는 사람들이다. 이들은 마을에 사는 사람일 수도 있고 외부에서 올 수도 있다.
- 마을 공동체의 사회적 역량: 마을 사람들이 효과적으로 협력하여 일할 수 있는 능력의 정도

- 마을 만들기: 마을의 사회적 역량을 높이기 위해 추구하는 모든 형태의 활동

이 책의 한계와 문제점

이 책은 기존 연구 문헌들에 기초했기 때문에 몇 가지 분명한 한계가 있다. 우선, 우리는 기존에 만들어진 정보들을 사용할 수밖에 없었다. 설정한 목표를 성취하고 일반적 연구 기준에 맞추기 위해 우리는 아주 광범위하고 많은 문서들을 검토했다. 출간된 문서들을 찾기 위해 많은 도서관과 지역을 찾았고 이 분야의 전문가들을 만났다. 하지만 우리의 연구가 마을 만들기에 관련된 모든 연구를 포괄할 수는 없었다.

둘째로, 많은 연구자들이 마을 만들기와 관련하여 아주 다양한 요소들에 초점을 맞추었기 때문에, 우리의 연구를 종합하는 과정에서 기존 연구 성과를 상당 부분 포기할 수밖에 없었다. 예를 들면, 마을의 자원과 능력을 일차적으로 고려하고 이를 기초로 특정 계획을 수행하는 방식을 사용한 마을 만들기 사례 연구가 있었으나, 이와 관련된 연구들이 많지 않은 관계로 이러한 방식의 마을 만들기에 대한 일반론을 도출하기가 불가능하였으며, 따라서 이와 관련된 연구는 포기했다.

셋째로, 대부분의 연구들은 사례 연구였으며 이 때문에 우리의 연구가 할 수 있는 일이 한정되었다. 사례 연구 방법론은 아주 한정된 통계 정보를 포함하기 때문에 아주 다양하게 해석할 수 있는 위험 소지가 있다. 다양한 연구자들이 같은 연구 결과를 검토함으로써 사례 연

구를 해석하는 과정에서 오류를 줄이려고 노력했다. 그러나 기존 연구를 해석하는 과정에서 오류를 완전히 없애기란 불가능했다.

이 책의 활용 방법

이 책은 경험이 부족한 리더들에게 마을 만들기를 성공으로 이끄는 데 필요한 요소들을 빠르게 익히고 학습하는 좋은 도구가 될 것이다. 마을 만들기 활동가들에게는 성공 요인들을 거듭 돌이켜 보게 하는 역할을 할 것이다. 재정 후원자들에게는 자신들이 투자한 사업들을 평가하는 도구로 쓰일 수 있을 것이다. 마지막으로 마을 공동체 연구자들이 '마을 만들기 주체 역량'을 평가하기 위해서는 보다 정교하고 분명한 도구들을 발전시켜야 하며, 이를 위해서는 더 많은 정보와 자료가 필요하다는 것을 깨닫도록 만들어 주리라 기대한다.

이 책은 크게 두 가지로 활용할 수 있다.

첫째, 일반적 이해를 얻기 위해서: 특정 마을에 효과적인 전략을 세우고자 한다면, 이 책에서 제시하는 마을 만들기를 위해 알아야 하는 스물여덟 가지 성공 요인들을 이해해야 한다.

둘째, 특정 환경에 적용하려는 경우: 만약 독자가 마을 만들기에 참여하고 있다면, 이 책을 다음과 같은 방법으로 사용하면 좋을 것이다.

- 여러분의 마을 만들기 활동이 성공에 필요한 요소들을 얼마나 확보했는지를 점검해 본다.
- 마을 만들기에 대한 생각과 경험을 확장하는 도구로 삼는다.
- 마을 주민 조직을 만들어 가는 중이라면, 이 책을 참조하여 어떤

요소들을 주의해서 살피면서 진행해야 하는지, 지금 진행하는 마을 만들기 활동의 방향 전환이나 변화가 필요한지를 확인해 본다.

이 책은 어떻게 만들어졌는가

일단 연구 질문을 결정하고 나면 문헌 재검토와 분석 그리고 종합하는 일에 몰입해야 한다. 형사가 범죄 조사 과정에서 체계적으로 단서를 모아야 하듯이 우리도 무엇이 마을 만들기에 도움이 되는지에 대한 정보를 체계적으로 모아야 했다.

우리는 이 과정을 세 단계로 나눴다. 먼저 우리의 주제와 연관된 연구를 검증하고 평가하였다. 그 다음 관련 있는 연구 리스트를 만든 뒤에 우리는 각각의 연구 성과를 조직적으로 체계화하기 시작했다. 마지막으로 우리는 각각의 연구 결과를 카테고리로 통합했다. 이 과정을 끝내기까지 아르바이트 두 사람이 풀타임으로 약 일 년 동안 일을 했다. 각 과정을 문서화했기 때문에 다른 연구자들이 우리의 연구를 반복 검증할 수 있을 것이다.

1 정확한 연구 질문 만들기

어떤 문헌을 검토하고 나면 정확한 연구 질문을 만들었다. 이 질문은 문헌에 대한 완전한 이해를 돕는 역할을 한다.

어떠한 요소가 마을 만들기를 위한 노력의 성공에 영향을 미치는가? 즉 어떠한 요소가 마을 공동체의 사회적 자본을 증가시키기 위해 펼치는 활동의 성공에 영향을 미치는가?

이 질문은 연구를 여러 방향으로 향하게 하는데, 이는 마을 공동체 연구가 이러한 요소를 반드시 포함해야 함을 보여 준다.

- 마을 만들기에 초점을 맞춤
- 결과 없이 과정만을 살피는 것이 아니라, 마을 만들기를 위한 노력의 성공과 연관 지을 수 있다.(결과로써 측정함.) 예를 들어, 마을 사람들이 합의를 이끌어 내기 위한 더 나은 기술을 익히게 되었다거나 마을 만들기를 위한 노력의 결과로 마을 공동체의 단결이 더 단단해졌다는 것을 보여 주어야 한다.

2 잠재적으로 관련된 연구 수집과 검증

우리는 주요 질문과 관련된 연구들을 검증하기 위해 컴퓨터 데이터베이스 검색을 하고 그 분야의 전문가들을 만났다.

먼저 우리는 심리학 개요, 사회학 개요, 공공 업무 정보 서비스, 의학 정보 온라인 데이터베이스 그리고 교육 자원 정보 센터 같은 전산화된 데이터베이스를 검색했다. 우리 연구에 쓰인 중요한 용어는 다음과 같다.

- 마을 공동체 개발
- 마을 공동체 조직
- 역량 배양
- 지역 개발
- 풀뿌리 개발
- 풀뿌리 조직

- 마을 공동체 권력 분산
- 마을 공동체 변화
- 마을 공동체 참여
- 국제적인 마을 공동체 개발
- 지속가능한 개발
- 성공적인 개발

또한 우리는 인터넷이나 복지 전문가를 위한 온라인 구독 서비스인 핸즈넷 같은 온라인 서비스도 이용하였다.

두 번째로 우리는 유용한 연구를 추천 받기 위해 정보 센터 대표자와 순수 학문 분야 전문가 그리고 현장 활동가 서른 명을 넘게 만났다.

우리는 그들에게 "마을 만들기 프로젝트 평가나 조사 사례 연구에 대해 아는 것이 있습니까?"라고 질문했다. 전문가들의 답변을 바탕으로 우리는 구체적인 연구를 철저하게 조사하고 추가 접촉을 했다.

조사원은 해제와 인용으로 출처를 명확히 밝히고, 모든 자료들을 문서화했으며, 컴퓨터 데이터베이스로 만들었다. 날마다 새로운 연구가 나오기 때문에, 그것들을 다 조사하려면 우리의 연구 기간은 무기한 늘어날 수도 있었다. 그러나 새로운 연구 결과나 해제들이 우리가 지금까지 만든 데이터베이스를 오버랩하는 어느 지점에 도달하기까지 새로운 출처를 끝까지 파악했다.

일 년 반이 흘러 우리는 드디어 오백스물 다섯 개의 사례 연구 리스트를 하나로 종합하였다.

3 어떠한 연구를 포함시킬 것인가를 결정하기 위한 평가

연구 결과를 모으는 일은 시작에 불과하다. 마을 만들기를 이해하고 우리의 연구 질문에 답하기 위해서는 연구 결과를 분류하고 유형화해야 했다.

어떤 사례가 연구 대상으로 가치가 있는지를 결정하기 위해 우리는 평가 기준을 정하고, 모든 기준을 만족하는 사례만을 연구에 포함했다. 우리의 평가 기준은 다음과 같다.

- 우리 연구가 던지는 문제에 답을 줄 수 있는 사례여야 한다.
- 성공의 기준을 제시하고, 경험적인 관찰을 통해 성공 여부를 가릴 수 있는 사례여야 한다.
- 만약 통제 집단을 가진 실험 연구나 통계 분석 그리고 신뢰할 만한 양적 데이터 수집 같은 엄격한 연구 기준을 맞추지 못한다면 적어도 면밀한 사례 연구 분석을 해야 한다.
- 관찰이나 수집한 데이터가 연구 결론을 뒷받침하는 사례여야 한다.
- 1950년 이후 사례 연구들만 포함한다.
- 연구 성과는 정부 보고서, 컨퍼런스 논문, 출판되지 않은 원고, 석사 학위 논문, 박사 학위 논문, 신문 기사 그리고 책을 포함한 문서여야 한다.
- 연구는 국내 또는 국외의 것일 수 있으며, 어떠한 장소이건 상관없다.
- 연구는 영어로 쓴 것이어야 한다. 원래 다른 언어로 썼더라도, 영어로 번역한 것이어야 한다.

개별 사례 연구 저작은 반드시 다음 요소를 포함해야 한다.

- 연구 대상인 개발 활동에 대한 완전한 설명
- 저자의 결론을 경험적으로 지지할 수 있는 충분한 데이터
- 선입견이 개입되지 않은 증거
- 연구 질문, 수집된 데이터, 결론 사이의 명백한 연결 고리

이러한 평가 기준을 모두 충족한 연구 자료는 마흔여덟 개로 줄어들었다.

조사 재검토 단계에서 가장 어려운 점은 우리 주제에 관련된 많은 출판 자료 가운데 주의 깊게 실행한 연구가 아주 적은 것이었다. 그러므로 우리는 많은 시간을 들여 자료를 분류했고, 그 자료가 우리의 기준을 만족하는가를 결정하기 위해 여러 논문을 읽어야 했다. 결과적으로 우리는 최종 선택한 연구들이 방법론적으로 견고하며, 우리의 연구 질문에 답을 줄 수 있다는 자신감을 얻었다.

4 각 연구로부터 나온 결과를 체계적으로 만들다

마을 만들기에 대한 조사는 일반적으로 사례 연구를 포함한다. 사례 연구에는 양적 데이터가 없기 때문에 여러 연구에서 결과를 뽑아내기가 어렵다. 그래서 우리는 각각의 사례 연구에서 나온 성공 요소를 명확하게 뽑고 성공에 영향을 미치는 요소들의 중요성을 가려내야 했다.

사례 연구에서 성공 요소를 가려내기 위해 우리가 정한 주요 규칙들은 다음과 같다.

첫째, 마을 만들기에 영향을 미친 특정 요소에 대한 사례 연구자의 진술이 있어야 한다.

둘째, 연구 논문을 읽는 독자들이 사례 연구자의 성공 요소에 대한 진술을 성공의 증거로 연결시킬 수 있어야 한다. 예를 들어, 연구자가 리더십 교육 프로그램을 마을 만들기 성공에 영향을 미치는 요소라고 썼다면, 마을 사람들이 리더십 교육 프로그램에 얼마나 참여했고 그 프로그램이 모임을 돕거나 행사를 계획하는 것 같이 마을 만들기와 연관된 일을 하는 능력을 향상시켰다는 증거가 있어야 한다.

우리의 첫 번째 연구팀에서는 마을 만들기 성공에 영향을 준 요소와 증거들을 면밀히 재검토했다.

두 번째 연구팀에서는 첫 번째 연구팀과 별개로 사례 연구들이 우리가 정한 기준들에 맞는지를 재확인했다.

5 개별 연구 성과를 통합해 성공 요소 리스트 만들기

성공 요소 리스트를 만들기 위해 연구원 두 사람이 리스트에 있는 요소들을 독립적으로 떼어놓고 특정 요소가 동일한지 또는 결과적으로 하나로 통합할 수 있는지를 검토했다. 어떤 경우에는 두 개 또는 그 이상의 연구에서 표현이 똑같아서 쉽게 하나의 성공 요소로 정했다. 다른 경우에는 표현이 다르고 조사자들이 같은 개념을 설명하기 위해 쓰는 단어들이 사뭇 달라서 연구원들끼리 격론을 벌이기도 했다.

앞에서도 말했듯이, 개별 사례 연구에서 각 요소들의 상대적인 중요성이나 무게를 평가하기가 어렵기 때문에 증거가 부족한 성공 요소들을 리스트에서 빼야 한다. 우리는 증거가 부족한 요소늘을 하나씩 지워 나갔다.

이 과정까지 모두 거친 연구들은 적어도 여덟 가지 기준을 만족하며, 모든 요소들은 요소를 위한 두 가지 기준을 만족한다. 마지막 선발 과정에서 우리는 아래의 기준을 모두 만족하는 요소만을 남겼다.

- 하나나 두 개의 마을 공동체 연구에서 적어도 연구원 네 사람이 검증한 것.
- 세 개 이상의 마을 공동체 연구에서 적어도 한 사람의 연구원이 검증한 것.

이렇게 하고 나니 스물여덟 가지 요소가 남았다.

우리는 각 요소들을 설명하고 쉽게 활용할 수 있도록 '마을 공동체의 특징', '마을 만들기 과정의 특징', '마을 만들기 활동가의 특징'이라는 세 가지 범주로 분류했다.

첫째, 마을 공동체의 특징은 개별 지역 사회와 지역 주민들의 사회적·심리적 그리고 지리적 특성을 의미한다.

둘째, 마을 만들기 과정의 특성은 마을 만들기를 하는 과정에서 이루어지는 '대표 체제', '의사소통' 그리고 '기술적인 조언' 같은 요소들이다.

셋째, 마을 만들기 활동가의 특성은 마을 만들기를 조직하고 이끄는 사람들이 지닌 '신뢰', '헌신', '이해력' 그리고 '경험'과 같은 질적 요인들을 의미한다.

이러한 분류는 연구원들의 직관으로 이루어졌다.

그러나 독자들은 이 분류에 얽매일 필요가 없다. 스물여덟 가지 성공 요소들을 얼마든지 다른 카테고리로 재분류하여 쓸 수 있다.

자, 이제 이러한 연구 과정을 모두 거쳐 만들어진 스물여덟 가지 성공 요소들을 하나씩 살펴보자.

1

마을 사람들이 지역의 문제를 깊이 인식해야 한다

주민들이 지역의 문제를 해결하기 위해 같이 행동해야 할 필요성을 강하게 느낄수록 마을 만들기는 성공할 수 있다.

마을 만들기 운동은 주민들의 주목을 끌 수 있는 문제를 해결해야 하며, 주민들 개인적인 이해에 직접 영향을 미침으로써 주민들을 적극적으로 동원해야 한다.

지역 조직은 지역의 문제를 인지함으로써 탄생한다. 지역 문제에 대한 높은 인지도는 주민들의 관심을 증폭시켜 마을 만들기 운동 초기에 참여를 이끌어 낼 뿐만 아니라, 시간이 흐르더라도 혹은 도전에 직면해서도 높은 동기를 유지할 수 있다.

간단히 말해서, 지역 주민들은 다양한 일들을 해내야 한다. 새로운 마을 만들기 운동은 기존의 사회 관습이나 주류의 경향과 경쟁 관계에 있을 수 있다. 이것이 때로는 위험 부담을 주기도 한다. 마을 만들기 사업이 지역 사회에서 우선순위가 되기 위해서는 사업을 함으로써 예상되는 보상을 지역 주민들이 알아야 한다. 사업 목적을 이루기 위해서는 지역의 많은 사람들 사이에 지역 문제를 해결할 수 있다는 약속이 전제되어야 하며, 지역 주민들에게 직접적으로 혜택을 주는 변화를 이끌어 내야 한다.

공동체 연구가 아이젠은 그녀가 1978년부터 1990년 사이에 연구한 열일곱 가지 사례들에서, 주민들이 자신들의 생존을 위협하는 요소들을 강하게 인지할수록 스스로를 권력화할 수 있는 효과적인 조직을 만든다는 사실을 발견했다(1994). 다시 말해서 주민들의 높은 문제 의식은 좋은 조직을 탄생시키는 거름이 되었다. 보스턴의 두들리, 조지아의 키즈빌 그리고 메사추세스의 ROCC가 그런 경우이다.

주민들을 마을 만들기 운동에 참여하도록 만든 문제들은 거의 비슷하다. 주택 문제, 안전 문제, 자연자원에 대한 위협, 건강에 대한 관심, 특정 질병에 대한 공포, 지역 어린이들의 미래에 대한 걱정 등이 주민들이 운동에 참여하는 동기가 되었다.

마을 활동가들을 위한 질문

• 마을 만들기 사업의 목적이 지역 주민들의 긴급하고 직접적인 관심에 기초하는가? 시간이 흐르면서 이러한 관심을 보다 폭넓은 마을 만들기 사업으로 확대시켜 갈 가능성은 있는가?

• 지역 주민들이 마을 만들기 사업이 어떻게 그리고 얼마나 자신들의 생활에 영향을 미치는지 이해하는가?

2 마을 사람들로부터 자발적 동기가 나와야 한다

마을 만들기 운동은 외부의 제안이나 원조보다는 마을 사람들 내부로부터 비롯된 강한 동기가 있어야 성공할 수 있다.

운동의 과정이 효과적이기 위해서도 목표 설정이나 활동 내용이 주민들로부터 시작해야 한다.

마을 구성원들로부터 비롯된 '자발적 동기'는 주민들의 폭넓은 참여를 끌어낸다. 새로운 아이디어가 주민들로부터 나올 때 지역 문제를 해결할 수 있는 마을의 능력이 커진다.

마을 사람들 내부로부터 동기가 비롯된 좋은 예는 샌프란시스코의 빈민 지역인 탠들린의 마을 만들기 운동이다. 활동가들은 마을 사람들이 문제를 이해하고 이를 해결하는 방안을 모색하는 능력을 높이기 위해서 마을 어르신들과 같은 방에서 먹고 자며 일했다. 활동가들은 초대 받지 않은 마을에서 지역 문제 해결을 위해 어떻게 조직할 것인가를 논의하면서 마을 사람들 스스로 해결 방안을 모색하도록 도움을 주었다. 나중에 활동가들은 마을 사람들을 위해 커피 심부름과 타이핑 그리고 청소 같은 일만 해 주면 되었다. 활동가들은 마을 사람들 스스로 리더십 훈련의 필요성을 느낄 때까지 기다렸다. 마을 사람들이 리더십 훈련을 요구하자 이에 부응하여 활동가들은 리더십 프로그램을 제공하였다. 그리고 리더십 훈련은 마을 사람들이 진정한 마을 만들기 과정에 참여하고 그들의 권리를 높이는 데 도움이 되었다.

마을 활동가들을 위한 질문

• 마을 만들기 운동에 대한 동기가 마을 내부에 있는가?

• 마을 사람들이 문제를 해결하기 위해 협력할 뜻이 있는가?

• 운동의 목표와 사업들이 마을 사람들로부터 직접 나오는가?

3

마을의 규모가 작아야 한다

성공적인 마을 만들기를 위해 필요한 주민 네트워크를 발전시키려면 많은 접촉과 상호 작용이 이루어져야 하는데, 공간이 많이 떨어져 있으면 다양한 주민 접촉이 어렵다. 지리적으로 제한된 소규모 지역에서만 마을 사람들이 원하는 형태의 조직 활동이 가능하다.

데이비스의 연구는 도시 재생 프로그램을 진행하는 과정에서 왜 그리고 어떻게 이웃 조직 규모를 축소했는지, 그 결과 지속적으로 신시내티 서부 지역을 순조롭게 조직했는지를 보여 준다(1991).

고속도로를 만들고 도시 재생 프로그램이 지역을 분할하면서, 적은 숫자의 주민들이 소규모 지역에서 마을 만들기를 시작했다. 서부 지역은 이제 더 이상 팔백 에이커 되는 땅에서 육칠 만 명이 사는 마을이 아니라, 절반의 인구와 절반으로 작아진 마을로 변했다. 이전에 있었던 수많은 교회와 상점, 술집과 공원, 클럽도 사라졌다. 결과적으로 이 마을 사람들은 물리적이나 사회적으로 보다 작은 공간만을 공유하게 되었다. 이러한 물리적 사회적 근접성은 마을 사람들끼리 정보를 쉽게 공유하도록 만들었고, 자신들의 관심을 나누고 나아가 마을과 일체감을 갖는 계기로 작용했다.

마을 활동가들을 위한 질문

- 마을 만들기 운동의 경계가 분명하고, 관리 가능한 지리적 영역에 초점을 맞추고 있는가?
- 운동에 참여하는 주민들이 자신을 같은 마을의 일원이라고 여기는가?

4

마을 만들기 조직은 유연성과 적응성을 가져야 한다

마을 만들기 조직은 문제를 다루는 데 다양한 방법을 열어 놓고, 상황에 따라 유연하게 적용해야 한다. 사람들은 과거에 어떤 일을 했는지 상관없이 지금 자신들에게 최선인 것을 선택하는 경향이 있다. 이러한 특성은 마을 만들기 과정에서, 낡은 관습이나 비효율적인 규정 그리고 다른 역기능적인 규범이나 관습 때문에 운동이 지체되거나 중단되는 것을 막아준다.

마을 만들기의 궁극적인 목적을 위해 당면 목표를 바꿔야 한다면, 적응성이 높은 조직은 새로운 요구와 필요성에 따라 당면 목표와 과제를 바꾼다. 킨케이드와 놉은 그들의 연구에서 마을 만들기 조직가들이 자신들의 활동이 희망했던 대로 되지 않은 경우 지체 없이 활동 방향을 재설정해야 한다고 주장한다(1992).

마을 활동가들을 위한 질문

• 마을 사람들이 변화에 열려 있는가?

• 지역 사회 규범이 마을 만들기 과정에 심각한 장애물이 되는가? 이러한 장애물을 없애거나 완화시킬 방법이 있는가?

• 필요하다면 목표와 과제 그리고 목적을 바꿀 수 있는가?

• 우리 조직이 마을 만들기 과정의 로드맵과 이슈와 관련하여 한 방향으로만 고정되어 있지 않은가?

5

마을의 사회적 응집력이 높아야 한다

　다른 요소들이 동일하다면, 마을 사람들 사이의 관계가 깊은 지역 사회 즉 사회적 응집력이 높은 마을에서 마을 만들기는 성공할 가능성이 높다.

　마을을 떠나거나 새로 들어오는 사람이 많지 않고, 인구 구성이 안정화된 지역 사회에서 마을 만들기가 성공할 가능성이 크다.

　높은 사회적 응집력은 마을 사람들 사이에 잘 발달된 커뮤니케이션과 문제 해결에 대한 열망 그리고 마을에서 움직이는 다양한 조직들(시민 단체, 레크레이션 단체, 소상공인 단체 등)이 있을 때 생겨난다. 간단히 말해서, 응집력이 강한 마을은 이미 부분적으로 마을 만들기에 성공하고 있다. 이러한 마을에는 성공에 필요한 요소들인 '신뢰'와 '커뮤니케이션'이 있다.

　기존에 사회적 연결망이 없는 지역 사회의 사회적 역량을 높이기는 아주 어렵지만, 사회적 네트워크가 발달되어 있고 커뮤니케이션

이 잘 이루어지는 마을에서 공동체의 사회적 능력을 높이는 것은 용이하다.

마을 활동가들을 위한 질문

- 함께 일할 수 있는 마을의 장기 거주자들이 있는가? 마을을 떠나거나 새로 들어오는 사람이 꾸준히 있는가?
- 자발적 모임이나 조직들(종교 단체, 스포츠 단체, 비즈니스 단체 등)이 마을에서 왕성하게 활동하는가? 그리고 그들의 자원을 마을 만들기를 위해 끌어들일 수 있는가?
- 마을에 잘 연결되지 않은 특정 그룹들이 있는가? 이러한 그룹들의 상호 연계성을 강화하기 위한 방법은 없는가?
- 마을의 응집력을 고양시키는데 좋은 자극이 될 수 있는 문제(보다 나은 건강 서비스 혹은 교육 서비스)가 있는가?

6

토의로 합의를 끌어내고 협력하는 능력이 있어야 한다

지역의 문제와 마을 사람들이 필요로 하는 사업들을 공개 토론하고 협력하는 분위기가 있는 마을에서 마을 만들기 운동이 성공할 가능성이 높다. 이런 마을들은 공식적으로 자신들의 문제를 함께 해결했던 경험이 없을지도 모른다. 그러나 위기에 처한 이웃을 도와준 경험이 있거나, 사회적·종교적 행사가 있을 때마다 협력한 역사를 가지고 있다. 만약 마을 사람들이 이전에 지역 문제를 공동으로 해결한 경험이 있거나, 마을 만들기를 추진해 본 적이 있다면 미래에 협력할 수 있는 역량이 커진다.

몇 년 동안 마을 만들기 운동의 원조를 받았던 오레곤의 한 농촌 마을에서 사람들 사이에 협력하는 분위기는 거의 없었다. 지역 경제가 악화되자 그 마을은 정부의 다양한 서비스와 지원을 받았다. 거의 칠 년 동안 조사와 계획 그리고 토론이 진행되었지만 어떤 변화도 일어나지 않았다. 연구자들은 다양한 여건들이 이 지역에서 변화를 일으키지 못했다고 설명했다. 첫째, 마을 사람들은 서로 다른 의견을 공개적으로 말하기를 꺼리는 습관이 강했으며, 따라서 어떤 의미 있는 토론도 불가능했다. 둘째, 지역을 위한 새로운 변화를 시도할 때마다 강한 개인적 비판을 받아야 했다. 그래서 사람들은 창의적인 아이디어 제안을 두려워했다. 마지막으로, 마을 사람들이 공개적으로 지역 문제를 토론하지 못하는 강한 개인주의 문화가 자리 잡고 있었다. 이 마을의 거의 모든 사람들은 문제 해결을 위해 집단 행동이 가능하다고도 믿지 않았다.

마을 활동가들을 위한 질문

- 마을 사람들이 협력해서 지역 문제를 해결한 경험이 있는가? 혹은 어려움에 처한 이웃을 공동으로 도와 준 경험이 있는가?
- 마을 사람들이 대화와 토론으로 참여하는 기회가 주어지는가?
- 공동의 주민 결정 과정을 통하여 마을 사람과 사람, 마을 사람과 활동가들 사이에 신뢰를 쌓아가는가?

7

뚜렷한 리더십이 있어야 한다

대부분의 마을 사람들이 믿고 따르며 마을의 대변인으로 기능할 수 있는 사람들이 있으면 마을 만들기가 성공할 가능성이 높다.

많은 연구 조사들은, 마을의 뚜렷한 리더 혹은 리더 그룹이 마을 만들기의 성공 요인이라고 알려 준다. 다시 말하자면 이들 그룹이 마을 만들기를 시작하는 경우가 대부분이다. 예를 들면, 한 연구자가 마흔아홉 개 마을 조직들이 어떻게 조직화를 시작했는지를 물었다. 누가 혹은 무엇이 조직을 만드는 주요 자원이었는지를 물었는데, 대부분의 마을 조직은 지역 문제에 대한 견해를 가진 개인들로부터 시작되었다. 그리고 이들은 지역 문제를 풀기 위해서는 무엇을 해야 하는 지에 대한 아이디어도 가지고 있었다.

마을 리더십이 제 기능을 하는 마을도 있지만, 때로는 아주 넓은 지역에 이들이 여기저기 흩어져 있어서 효과적으로 기능하지를 못했다. 1970년대 우리가 관찰했던 신시내티 서부 지역이 그랬는데,

이 지역의 리더십은 아주 다양한 방향으로 흩어져 있었다.

주민자치위원회의 리더십은 다양한 요소와 구조 그리고 개인적 이유들 때문에 점점 약해졌다. 첫째, 지나치게 많은 조직이 생겨나면서 소규모 개별 마을 조직에서 활동하는 리더들의 발이 묶였다. 1960년대 초, 주민자치위원회는 능력 있고 야심만만하며 시민 정신도 투철한 개인들을 충원하기가 어렵지 않았다. 마을에 다른 조직이 별로 없었기 때문에 좋은 리더십에 대한 경쟁을 할 필요가 없었다. 십 년 뒤, 주민자치위원회는 더 이상 이 마을의 유일한 조직이 아니었다. 작은 모임이 여섯 개나 생겼고, 각종 공공 주택 프로젝트마다 주민자치위원회가 만들어졌으며, 마을 건강 센터와 예술 컨소시엄, 신용협동조합, 지역 문제 해결을 위한 대표 조직이 열두 개 그리고 모범 도시 지역 주민 조직도 있었다. 거의 모든 연방 정부 프로그램이 주민 참여를 요구했고, 리더들은 각종 위원회에 참여했다. 이것이 리더십을 효과적으로 발휘하는 데 엄청난 걸림돌이 되었다. 리더들은 늘 시간에 쫓기고 새로운 아이디어를 내는 데 한계를 겪었다.

마을 활동가들을 위한 질문
- 마을에 눈에 띄는 리더십 위치(종교 지도자, 지역 축제나 행사를 조직하는 사람들 등)를 가진 사람이 있는가? 이들이 마을 만들기 운동에 관심을 갖고 함께할 사람들인가?
- 다른 다양한 형태의 드러나지 않은 마을 리더십은 없는가?
- 리더십 경험이 없는 사람들을 어떻게 참여시키고 훈련할 것인가?

마을 만들기 운동의 성공적인 경험이 있어야 한다

　이전에 마을 만들기에 성공한 경험이 있는 마을은 새로운 사업 시도에 성공할 가능성이 높다.

　특히 비교 연구에서 이 경험 요소는 성공 여부를 결정짓는 데 뚜렷하게 중요한 역할을 했다. 부정적인 경험을 가지고 있는 마을은 새로운 시도를 망설이는 경향이 강하다. 예를 들면 지방 정부가 마을 만들기 운동을 시작했지만 이를 완성하지 못했거나 대폭 축소되어 끝난 경우, 또는 마을 개발 사업이 실패하여 실망한 경험이 있으면 새로운 시도를 머뭇거릴 가능성이 높다.

마을 활동가들을 위한 질문

• 마을 만들기의 역사적 경험이 있는가? 그 경험은 성공한 것이었나?

• 만약 실패한 경우였다면 지금의 새로운 마을 만들기 과정에 대한 신뢰
와 확신을 주기 위해 무엇부터 해야 하는가?

• 전혀 사전 경험이 없는 마을이라면 어떻게 시작해야 좋은가? 전면적으
로 시작하기보다는 단계적으로 작은 사업부터 시작하는 게 바람직하지
않은가?

9

마을 사람들이 광범위하게 참여해야 한다

성공적인 마을 만들기 운동은 마을 사람들의 광범위한 참여를 끌어내고 실제 참여가 이루어지는 마을에서 일어난다. 주민 참여는 다음 요소를 가져야 한다.

- 대표성 — 마을 만들기 운동이 마을의 모든 사람들을 포함하든지, 대부분을 포함하든지, 아니면 적어도 마을의 몇몇 부분을 포함해야 한다.
- 지속성 — 마을 만들기 운동은 시간이 흐르면서 새로운 사람들을 충원하고, 기존 구성원 일부는 여러 이유로 운동을 포기한다.

대표 참여는 다음과 같은 이유로 마을 만들기 운동을 강화한다.

- 대표 참여는 다양한 모임이나 조직의 개인들이 가진 재능과 자원을 운동 과정에 동원하게 만든다. 특히 문제 해결과 어떤 과제를 성취하는 데 중요한 역할을 한다.
- 대표 참여는 마을 만들기 과정에서 생기는 다양한 활동과 프로그램 혹은 정책들을 마을 사람들이 기꺼이 받아들일 가능성을 높여준다.
- 대표 참여는 마을 만들기 운동의 성공에 영향을 미치는 자원을 기부할 수 있는 외부인이나 환경의 중요한 요소를 통제하는 외부인 등과의 관계를 강화시켜줄 수 있다.

마을 사람들의 참여는 마을 만들기 시작 단계에서부터 정책 단계 그리고 사업 완성 단계에 이르기까지 모든 과정을 통해 중요하다. 가능한 많은 사람들이 참여할 때 마을 만들기의 성공은 예약된다. 한 실례를 보자. 브롱크스에 근거지를 둔 마을 기업 바나나캘리에서는 집 없는 사람들에게 주택 프로그램에 참여하도록 의무화하였다.

가족들은 매 주마다 반드시 회의에 참석하도록 했고, 이 회의에서 마을 사람들 스스로 생활 공간에 대한 책임을 지도록 교육했다. 주택 관리 담당자를 뽑았고, 마을 사람들은 주택에서 생기는 여러 문제들을 어떻게 인지하고 해결하는 지를 배워 나갔다. 나아가서 마을 사람들에게 주택을 운영하고 관리하는 데 상당한 권한(예를 들면 주택 관리자를 고용하고, 주택을 누구에게 임대할 것인가 등을 결정하는 권한)이 주어졌다. 이러한 참여 프로그램을 통하여 마을 사람들 스스로 만든 규정들을 임대 세입자들이 상력하게 지지하고 지키게 되었다.

마을의 다양한 조직들을 대표하는 선출식 이사들은 대표 참여에 이르는 하나의 통로로 기능할 수 있다. 『희망의 거리』(1994)에서 피터 매도프와 홀리 스칼라는 어떻게 이사회를 구성해야 주민들 스스로 통제와 대표성을 확보하는지 그리고 그 결과가 무엇인지를 서술하고 있다. 처음에는 단지 네 개의 영역을 대표하는 관리 이사회를 스물세 명으로 구성했다. 그러나 마을 사람들은 이러한 구성이 정당하지 않다는 불만을 쏟아냈다. 결국 이사회는 많은 사람들의 목소리를 대변할 수 있는 서른한 명으로 다시 구성되었다. 그리고 마을의 네 군데 문화 모임, 즉 흑인과 카페 베르딘, 라티노 그리고 백인들의 목소리를 대변하도록 '동등한 최소 대표주의[1]'를 채택했다. 동등한 최소 대표주의는 단순히 인구수에 기초해서 이사들에게 대표권을 주는 방식과 전혀 다른 효과를 가져다주었다. '동등한 최소 대표주의'는 주민들의 집단 행동을 강화시키고, 마을 만들기 운동 과정에서 모든 사람들의 직접적인 이해가 맞물리도록 하는데 기여했다.

참여가 광범위하게 이루어져야 할 뿐만 아니라, 리더십을 지속적으로 충원하는 게 매우 중요하다. 마을로 이사 오는 사람들이 꾸준히 있어야 대표 참여를 유지할 수 있다. 이들이 마을을 떠나는 사람들을 대체하기 때문이다. 물론 새로운 참여자들을 충원하기 위한 계획과 시간이 반드시 필요하다. 마을 만들기 운동은 대단한 열성과 에너지를 가지고 시작될 지 모른다. 참여자들은 다양한 사회 그룹을 대표해

---

1 '동등한 최소 대표주의'는 다수주의를 채택했을 때 소외될 수 있는 사회적 그룹에게 우선적으로 최소한의 대표성을 배분하는 원칙이다. 즉 '동등한 최소 대표주의'는 다양한 소수 의견을 포함시키는 장치를 만들어 줌으로써 합의형 민주주의를 지향한다. -옮긴이

야 한다. 주민 참여야말로 마을 사람들이 가진 기술과 시간을 마을 만들기 과정에 쏟을 수 있는 기반을 제공한다.

대부분의 마을 만들기는 완성되기까지 적어도 몇 달 혹은 몇 년이 걸린다. 참여자들은 건강이나 취업, 가정사 등 자신의 일상사 때문에 부여된 임무들을 포기하거나 미루는 일이 벌어진다. 이러한 일은 자원봉사자이거나 보수를 받고 일하는 사람들 모두에게 생길 수 있다.

두들리의 마을 만들기 운동은 지역 일꾼들을 지속적으로 충원하고 조직 기술을 훈련시켜 왔다. 그 결과 아주 많은 사람들이 과제를 책임질 수 있게 준비되었다. 두들리 마을 만들기 총 책임자는 "우리는 마을의 참모들과 지도자들이 자신들을 활동가로 인식하게끔 교육시키고 있다."고 말했다.

폭넓은 주민 참여를 이끌어 내는 일은 아주 어려운 과제이다. 디트로이트의 지역 주민회의 회장은 이렇게 말했다. "마을 만들기에 가장 영향을 많이 받는 사람들을 토론에 적극 참여시키는 것조차 매우 어려운 일이다. 대부분의 마을 사람들은 참여를 시간 낭비로 생각하고 개입하려 하지 않는다. 마을 만들기 운동에 일단 발을 들여 놓으면 자신들이 너무 힘들어질 것이라고 지레짐작하여 두려워한다."

그렇지만 폭넓은 주민 참여는 마을 만들기 성공을 위해 절대적으로 중요한 요소이다.

마을 활동가들을 위한 질문

- 마을 만들기에 참여하는 사람들이 지역 전체를 대표하는가? 참여하지 않는 사회 그룹은 없는가? 참여하지 않는 사람들은 지역 문제 해결과 사업 결정 과정에 어떤 영향을 미치는가?
- 새로운 사람들이 기존 운동 과정에 큰 어려움 없이 참여하도록 만드는 프로그램이나 과정이 있는가?
- 새로운 사람을 찾고 마을 사람들의 참여를 독려하는 데 충분한 에너지를 쏟고 있는가?
- 참여하지 않는 사람들에게 다가가기 위해 어떤 활동을 하고 있는가?

10

잘 발전된 의사소통 체계가 있어야 한다

잘 발전된 의사소통 체계란 마을에서만 아니라 외부 세계와도 긴밀하게 소통하는 체계를 말한다. 좋은 의사소통 체계는 마을 사람들에게 공통의 문제 의식을 갖게 하고, 동기를 부여하며, 참여를 끌어내 새로운 실험을 가능하게 만들어 마을의 문제를 해결하는 능력을 높인다.

좋은 의사소통 체계가 있으면 마을 사람들은 지역 사업이 어떤 논리적 근거로 진행되는가를 이해할 수 있고, 시간이 흐르면서 어떤 일들이 모습을 드러내는지 알 수 있다. 결론적으로 마을 만들기 운동의 힘을 잃지 않도록 도와준다. 운동의 힘을 유지하려면 참여자들이 성취감을 느껴야 하고, 구체적인 결과를 경험해야 한다. 그렇지 않으면 참여자들은 초기의 열의를 잃어버리기 쉽다. 의사소통은 참여자들에게 성취감과 자부심 그리고 다른 보상을 줌으로써 자신의 역할을 지속적으로 해 내는 동기를 부여한다.

라이트만과 스틸만의 마을 만들기 운동 사례 연구는 좋은 의사소통 체계가 어떻게 참여자들의 동기를 지속적으로 북돋아 주는가를 보여주는 좋은 사례이다(1993). 어느 마을 공동체가 청소년센터를 위한 기금 마련 이벤트를 만들었다. '손을 맞잡고'라는 이름의 이 프로그램에 참여하는 청소년을 위해, 기업과 개인 후원자들이 기부를 했다. 이벤트에 참여한 사람은 팔백 여 명이나 되었다. 했다. 이 프로그램을 이끈 사무처장에 따르면, '손을 맞잡고' 프로그램의 성공은 단지 기금 마련 뿐 아니라, 참여자들이 자신들의 집단 행동이 커다란 변화를 만든다는 확신을 갖게 한 것이었다.

의사소통은 마을의 모든 사회 조직들이 마을의 문제를 공유하도록 하고, 지속적으로 동기를 부여함으로써 광범위한 주민 참여로 이어지게 한다. 좋은 의사소통은 다양한 재능과 자원을 가진 사람들을 크고 작은 지역 과제에 참여하도록 만들어 혁신적인 아이디어가 흘러넘치도록 도와주고 결과적으로는 지역 문제 해결에 커다란 도움을 준다.

또한 의사소통은 마을 만들기 운동 참여자들이 필요할 때 신속하게 모이거나 협력할 수 있도록 도와준다. 마을 만들기 운동 과정에서는 예기치 않은 다양한 장애물들을 만나게 된다. 예를 들면, 정치 변화나 갑작스런 기금 축소, 중요한 역할을 하던 리더가 떠나거나 마을 만들기 운동의 본 궤도에서 벗어나려는 시도도 일어난다. 그러한 상황에 직면하면 의사소통 체계를 가지고 있느냐 없느냐에 따라 마을 만들기 운동의 지속과 포기가 결정된다. 좋은 의사소통 체계가 있으면 리더들이 신속하게 정확한 정보를 교환할 수 있으며, 어디서 도움을 받을 수 있는가를 쉽게 찾을 수 있을 뿐만 아니라 참여자들을 불러 모으기도 쉽다. 그리고 문제를 풀기 위해 필요한 과제들을 참여자들에게 배당할 수도 있다.

사례 연구를 통해서 입증된 의사소통 기술은 축제, 퍼레이드, 뉴스레터, 지역의 소리, 특별한 행사, 공개 회합, 마을마다 정보 통신원 두기 그리고 네트워크를 구축하는 것 등이다.

애니 케이시 재단이 시도한 '터놓고 이야기하기' 프로그램은 의사소통과 관련하여 주목해 볼만한 좋은 사례이다. 십대 소녀들의 임신을 줄이기 위해 만든 이 프로그램을 여섯 군데 도시에서 실시했다. 각 도시에서 십대 임신에 대한 마을 사람들의 태도나 행위 그리고 서비스를 체계적으로 알아보기 위해 조사를 했고, 조사 결과를 가지고 마을 사람들과 소통을 시도했는데 의사소통의 발전 수준에 따라 아주 다양한 수준의 성공을 거두었다. 산디에고와 뉴올리안즈 이 두 도시는 마을 사람들을 토론의 장으로 끌어내고 나아가 이에 기초하여 십대 소녀들의 임신을 줄이기 위한 정책을 단계적으로 밟아갈 수 있었다. 여섯 도시 가운데 좋은 의사소통 체계가 있는 이 두 도시에서만 십대 소녀들의 임신을 줄이는 데 성공했다.

예를 들면, 산디에고 시에서는 지역 조사 결과를 마을 사람들에게 설명하는 포럼을 열었다. 포럼 조직가들은 포럼을 알리는 포스터를 붙이고 여론조사에 참여한 사람 육백 명을 일일이 만나 포럼에 참여하도록 권유했다. 많은 사람들이 포럼에 참여했고 프로젝트를 더 잘 이해하게 된 사람들은 십대들과 어떻게 소통해야 하는지에 대해 실질적인 토론을 할 수 있었다.

케이시 재단이 주도한 다른 좋은 실례는 뉴올리안즈에 벌인 주택 프로젝트였다. 마을 사람들에게 자신들의 지역 조사 내용을 알리고 마을 사람들이 프로젝트에 참여할 수 있도록 활동가들은 '건강한 집을 위한 파티' 프로그램을 만들었다.

활동가들은 파티를 주관할 수 있는 사람들을 여론조사에 참여시켰고, 리더십 훈련과 마을 만들기 조직 활동 훈련을 받은 사람들이 파티를 주관토록 했다. 파티를 진행하면서 파티에 참여했던 이웃들로부터 프로그램에 대해 긍정적인 평가를 전해 들은 사람들이 자발적으로 파티를 열겠다고 나섰다. 이렇게 조직한 파티가 여든여덟 개나 되었고, 이들 중에서 일흔 다섯 개의 파티를 마을 사람들 특히 주부들이 주도했다. 이들은 각각 여섯에서 여덟 가족들을 초청하기로 정하고 마을 조사 결과를 토론할 것이라는 사실을 미리 알렸다.

마을 활동가들을 위한 질문

• 마을 만들기 운동의 내용을 적절한 시간대에 소통하고 있는가?

• 마을 만들기 과정에서 의사소통이 중요한 위치를 차지하는가 아니면 부
  담스러운 책임으로 여기고 있는가?

• 되도록 많은 사람들과 접촉하기 위해 다양한 방법과 전략을 쓰는가?

11

조직이나 사람들 사이에서 경쟁하지 말아야 한다

마을 만들기의 다양한 일을 진행하는 조직들이 다른 조직을 경쟁자로 생각하거나 다른 프로그램의 리더를 경쟁자로 여기지 않아야 마을 만들기는 성공할 수 있다.

개별 마을 프로젝트의 전체 목표나 임무는 가능하면 많은 조직들이 무리 없이 수용할 수 있도록 설정해야 한다. 이러한 목표 설정은 보다 많은 사람들이 프로젝트에 참여하기 위해 필수적이며 사람들 사이에 협력적인 분위기를 높이기 위해서도 필요하다. A라는 조직이 자신들에게 책임이 있다고 생각하는 사업을 B 조직이 주관하면 A 조직은 참여를 중단하거나 거부하게 된다.

여러 조직의 활동 내용이 겹치는 마을에서는 리더십이 약해지고 다른 자원까지도 다 써 버릴 수 있다. 성공적인 마을 만들기에 필요한 모든 요소를 가졌지만 자원과 리더십을 놓고 벌어지는 지나친 경쟁 때문에 실패하는 경우가 있다.

마을 활동가들을 위한 질문

• 마을에 한 개가 아닌 몇 개의 마을 만들기 프로그램을 동시에 진행하고 있는가? 같은 사람들이 비슷한 활동을 하고 있지는 않은가? 사람들 사이에 갈등이나 다툼이 일어날 소지는 없는가?

• 조직끼리 벌이는 경쟁 때문에 리더십과 자원을 지나치게 쓰고 있지 않은가?

12

조직의 자기정체성을 이해해야 한다

　마을 만들기 운동을 이끄는 조직은 자신의 정체성을 분명히 하고, 사업의 우선순위를 함께 이해하며 또한 사업 목표를 어떻게 이룰 것인가에 대한 합의가 높아야 한다.

　성공적인 마을 만들기 운동은 법적 혹은 개념적으로 자신들의 동질성을 찾기 위해 많은 시간을 보낸다. 동질성을 모색하는 과정에서 몇몇 중요한 문제의식들이 다음과 같은 이슈들을 다루는 과정에서 제기된다. 첫째, 사업의 목표는 무엇인가? 둘째, 마을 만들기 운동의 지리적 경계는 어디까지인가? 셋째, 상위 단위의 공동체로부터 어떤 평가를 받으려고 하는가? 이름을 정하고 동질성을 띠는 것이 마을 만들기를 위한 첫 번째 과제이다. 조사에 따르면, 동질성에 대한 합의를 기초로 출발한 마을 만들기 운동은 다음 단계로 진화하는 데 어려움이 없었지만, 그러지 못한 마을 만들기 운동 조직들은 다른 결정 과정에서 많은 어려움을 겪었다.

조직의 동질성은 어떤 문제를 가장 중요하게 다루어야 하는가와 관련된다. 대부분의 마을에는 수많은 사업이 필요하지만 모든 요구를 충족시킬 자원은 절대적으로 부족하다. 마을 사람들은 마을 만들기 초기에 자신들의 요구를 분명히 해야 하고, 어떤 요구가 가장 중요한 것인지 조직적으로 결정해야 한다. 이렇게 사업 중요도에 대한 순위가 분명해야 마을 만들기 노력이 성공할 수 있다.

사업 우선순위를 결정하고 나면 이제 마을 사람들은 사업 목표를 이루기 위해 무엇을 해야 하는 지 잘 이해해야 한다. 시간대 별로 사업 로드맵을 만들어서 일을 진행하는 데 무엇이 필요하고 어떤 단계를 거쳐야 하는 지를 파악해야 한다. 로드맵 작성은 참여자들이 모든 과정을 이해하는 데 많은 도움이 된다. 사업 단계를 분명히 이해하면 마을 만들기 운동의 동기를 유지하고 좌절을 막을 수 있다.

마을 활동가들을 위한 질문

- 마을 사람들이 조직의 목표와 정체성에 대해 합의하고 있는가? 누가 그들을 대표하는가? 조직이 대표하는 마을의 경계는 어디까지인가? 조직의 목표는 무엇인가?
- 마을 사람들은 사업의 우선순위를 분명히 이해하고 있는가?
- 주요 사안을 공정한 과정으로 결정하는가?
- 목표를 이루기 위해 어떤 단계와 절차를 밟아야 하는 지 마을 사람들이 이해하고 있는가?

13

마을 만들기의 혜택이 많은 사람들에게 돌아가야 한다

마을 만들기의 목표와 활동이 많은 사람들에게 분명한 혜택을 주고, 그 혜택을 사람들이 피부로 느낄 때 마을 만들기는 성공한다.

많은 사람들에게 최대의 혜택이 가는 사업과 활동을 해야 보다 폭넓고 지속적인 참여를 끌어낼 수 있다.

마을 활동가들을 위한 질문

- 마을 만들기 사업의 목표와 활동이 마을 사람들이 원하는 것인가?
- 마을 사람들이 마을 만들기의 결과로 주어지는 혜택을 이해하는가?

성과와 과정에 동시 집중해야 한다

마을 만들기 초기 단계에서부터 피부로 느낄 수 있는 성과와 사람 관계를 만들기 위한 노력을 동시에 이루어 낼 때 마을 만들기는 성공할 수 있다.

사람들 피부와 와 닿는 발전을 이루거나 지역 사회를 위해 눈에 띄는 성과를 내지 않고 마을의 유대를 쌓으려고 하면 사람들은 쉽게 지친다. 사람들이 공감할 수 있는 발전 상황을 만들지 못하면서 리더십 훈련에 초점을 맞추거나 사회적 관계를 넓히려고만 한다면 마을 사람들의 참여는 뚝 떨어진다.

마을 만들기 운동이 광범위한 지역 프로젝트의 일부만을 포함시키면 실패할 수 있다. 마을 만들기를 협소하게 이해하여 물질이나 경제 발전 과제에만 초점을 맞출 때가 있다. 조사한 많은 마을 가운데 어느 한 사람이나 조직이 개발 프로젝트를 넘겨받아 모든 결정을 하고 특수한 지역 개발 사업을 하는 경우가 있다. 그러나 마을 만들기는 이러한 형태의 지역 사업을 통해서 이루어지지 않는다. 단지 사업의 목표만을 이루어 낼 뿐이다.

콜로라도 농촌 부활 프로젝트를 평가하는 과정에서, 마을 만들기 운동이 어느 정도 실질적인 혜택을 지역에 가져다 주었는지를 마을 사람들에게 조사해 보았다. 응답자의 약 구십 퍼센트가 '조금 많이' 혹은 '아주 많이' 혜택을 가져다 주었다고 답했다. 사람들이 마을 만들기의 중요한 결과라고 답한 두 가지는 첫째, 마을의 재생을 위해 서로 협력하고 효과적으로 조직하는 능력을 배운 것, 둘째, 시민들이 스스로 깨달아 참여하고 마을을 위해 헌신하며 나아가 지역민으로서 자긍심과 공동체 의식이 높아졌다는 것이다.

이 조사에 따르면 성공적인 마을 만들기 운동은 특정 지역 프로젝트가 마을 만들기를 사업의 중요한 부분으로 인식해야만 가능하다. 리더들은 운동 조직에 많은 관심을 기울여야 하고 운동 과정에 새로운 사람들을 참여시키기 위해 끊임없이 노력해야 하며 마을 사람들이 스스로 마을을 조직하도록 만들어야 한다.

마을 활동가들을 위한 질문

• 사업 목표의 성과와 과정 사이에 균형을 이루고 있는가?
• 순수하게 마을 만들기에만 쓸 수 있는 비용이 남아 있는가?

15

마을 외부 조직과 연대해야 한다

성공적인 마을 만들기를 위해서는 마을의 운동 조직이 외부 조직
과 연대해야 한다.

외부 조직과 연대하면 다음과 같은 좋은 점이 있다.

- 재정 지원 — 외부와 연대하면 마을 만들기 운동에 필요한 돈을
  얻을 수 있다.
- 정치적 지지 — 외부와 연대망이 있으면 마을에서 무엇을 필요
  로 하는 지 정책 담당자들을 이해시킬 수 있으며 마을 사람들과
  정책 담당자 사이에 우호적인 연대감을 갖게 해 준다. 또한 이러
  한 연대망은 마을 공동체의 관계를 해칠 수 있는 잘못된 정치적
  결정을 막는 데에도 도움이 된다.
- 정보 획득 — 외부와 연대하면 다양한 접촉을 통해 여러 정보를
  얻을 수 있다. 다른 마을 사람들은 관찰함으로써 그들로부터 배

우기도 하고 마을 만들기에 대한 강한 동기를 갖기도 한다. 사례 연구 대상이었던 여러 마을 사람들은 의도적으로 다른 지역 마을 만들기 운동을 견학했다. 다른 마을 사람들과 사귀게 되면 자연스럽게 정보를 주고받는다. 견학을 통해 다른 지역 마을 만들기 운동이 무엇을 이뤘고 어려움은 어떻게 극복했는지를 배우고 이러한 배움을 자신들의 마을 만들기에 적용한다. 조사에 따르면 비슷한 수준의 수입과 교육적 배경 그리고 인종이나 문화적 배경을 가진 마을 사이에 정보 교환이 효과적으로 일어난다.

- 기술 지원 — 외부와 연대하면 전문가들의 기술 지원을 받을 수 있으며 이는 마을 만들기 과정에 많은 도움이 된다.

성공적인 마을 만들기를 위해서는 다른 마을 사람들과 적극적으로 연대하려는 리더가 있어야 한다. 이러한 리더들은 다른 마을 만들기 운동과 소통하고 자원을 제공하는 데 크게 기여한다. 사례 조사에 따르면, 성공적인 마을 만들기 운동은 운동을 고립시키지 않으려고 의도적으로 외부와 연대하기 위해 노력한다.

데이비스는 신시내티 서부의 한 마을 리더를 소개했다(1991). 파크 타운에 사는 멀로니 씨는 서른한 살 때 마을 위원회 의장으로 뽑혔다. 정치적 재능을 가지고 태어난 멀로니 씨는 삼 년 동안 주민 자치 위원회와 공무원 그리고 도시 행정 부서들과 관계를 맺기 위해 동분서주하였다. 한편에서 그는 주민 자치 위원회와 마을 사람들 사이의 수평적 관계를 강화하는 데도 심혈을 기울였다.

마을 활동가들을 위한 질문

• 조직 활동가나 마을 사람들이 정부 또는 다른 마을 사람들과 공식적 비공식적 관계를 가지고 있는가? 그렇지 않다면, 어떻게 그러한 관계를 만들 것인가?

• 마을 외부의 사람들을 마을 만들기 과정의 주요 조직(예를 들면 이사회나 자문 위원회 등)에 초대해야 하는가?

• 마을 사람들이 연대망을 강화하려는 노력을 하면서 외부 기구(중간 지원 기관 등), 정치인, 미디어, 공무원, 재정 후원자 등 외부인들과 관계를 발전시키고 있는가?

• 우리와 비슷한 마을 만들기 운동을 검토해 보았는가? 그렇다면 우리는 다른 마을로부터 무엇을 배울 수 있는가?

16

마을 만들기 사업은 단순한 일에서 시작해야 한다

마을 만들기 초기에는 마을 사람들이 쉽게 다룰 수 있는 단순한 일부터 시작하고 점차 복잡한 활동으로 나아가야 성공적인 마을 만들기를 할 수 있다.

많은 사례 연구 조사를 보면, 초기에는 이웃 마을 청소나 마을 나들이 조직 같은 아주 단순한 일로 출발했다. 리더들과 참여자들은 정책 결정 기술을 발전시키고 문제를 풀기 위해 함께 일하는 법을 배워 나간다. 조직이 작은 프로젝트의 성공으로 확신을 갖게 되면 점차 보다 복잡한 과제들인 마을 법령 개정이나 마을 기업 같은 것들을 창안해 나아가도록 한다.

예를 들면, 플로리다 플레전트 시에서 조직 활동가들이 마을 사람들과 마을 기업을 만들려고 했다. 그러나 그들은 하나의 집단으로 함께 일하는 경험이나 기획, 정책 결정 및 의사소통 경험이 없었다. 그래서 많은 어려움에 부딪쳤다. 고민 끝에 조직 활동가들은 우선 자신들이 어떤 조직이고 무슨 일을 하려는지 마을에 소개하는 모임을 열기로 했다. 모임을 여는 일은 그리 어렵지는 않았다. 단, 협력이 필요했다. 활동가들은 모임을 성공적으로 마쳤으며, 이를 통해 자신감을 얻고 다음 단계로 나아갈 수 있었다.

마을 활동가들을 위한 질문

- 계획한 일이 마을 사람들의 능력으로 이룰 수 있는 것들인가?
- 마을 사람들의 기술을 발전시키기 위한 노력의 하나로 단기적 · 장기적인 사업 목표가 있는가?

17

정보를 체계적으로 모으고
마을의 문제를 분석하는 시스템이 있어야 한다

지역 문제와 마을 사람들의 요구를 정확히 분석하고 측정할 수 있는 신중한 단계를 우선 진행해야 마을 만들기를 성공할 수 있다.

마을 만들기가 성공하기 위해서는 문제를 이해하고 이를 해결하기 위한 방안을 모색하기 위해 많은 시간과 자원을 들여야 한다. 정보 수집은 사람들을 참여시키는 하나의 방안이면서 주요한 과제이기도 하다. 정보 수집으로 마을에 대해 많은 지식을 얻을 뿐만 아니라, 다른 마을 사람들과 사회적 관계를 만들어 나가기도 한다. 정보 수집과 분석 결과는 어떻게 다음 단계 과제를 진행할 것인가에 대한 방향을 제시한다.

예를 들면 일리노이 주 엘도라도 마을 사람들은 자신들에 대한 정보를 모으기 시작했다. 사람들은 많은 가정집의 수돗물이 나오지 않거나 변기에 물이 잘 흐르지 않는다는 사실을 알았다. 정보를 모으면서 마을 사람들은 자신들의 문제가 무엇인지 터놓고 토론했다.

캘리포니아 오클랜드 마을 사람들은 집집마다 찾아다니면서 마을에 필요한 의료 서비스를 조사했다. 조사 결과 의료 서비스는 턱없이 부족하고, 의료 시설로 이동하는 교통 시스템도 빈약했다. 건강보험이 없는 사람이 더 많았으며, 여러 나라 말을 할 줄 아는 인적 자원도 부족하고, 예방접종을 받지 못한 사람들이 이십사 퍼센트나 되었다. 이러한 조사 결과는 마을 만들기 운동이 다음 단계로 무엇을 해야 하는 지 분명히 제시해 주었다. 무료 예방접종을 하고 여러 나라 말을 할 줄 아는 의료진을 두게 된 것이다.

마을 활동가들을 위한 질문

- 마을의 문제를 충분히 이해하고 있는가?
- 마을 사람들이 토론에 참여할 수 있는 충분한 정보를 갖고 있는가? 그 정보들은 대안을 만들 수 있을 정도의 정보인가? 갖고 있는 정보가 문제를 해결하고 마을 사람들 사이에 합의를 끌어낼 수 있는가?

18

마을 만들기에 필요한 리더십 프로그램이 있어야 한다

  참여자들이 마을 만들기에 필요한 기술을 배울 수 있는 교육 프로그램이 준비되어 있어야 마을 만들기는 성공할 가능성이 높다. 이 교육 프로그램이 소위 말하는 '리더십 프로그램'인데, 이 프로그램의 주제는 조직 기술[2], 인간 관계 훈련, 복잡한 지역 문제 분석 기술, 그룹 촉진 기술[3] 등이다. 이러한 교육 프로그램은 마을 사람들 스스로 운용할 수도 있고, 외부 전문가를 초빙해 진행할 수도 있다. 또는 공식적인 마을 조직 활동가가 진행할 수도 있다.

  리더십 교육 프로그램은 마을 만들기에 반드시 필요한 요소이다. 이 교육 프로그램이 있어야 마을 사람들이 문제를 정확히 이해하고,

---

2 조직 기술이란, 리더가 조직의 특성과 욕구 등을 파악하고 조직에서 생길 수 있는 문제들을 미리 예견하고 처리하는 능력을 말한다. ─옮긴이
3 그룹 촉진 기술이란, 특정한 사람들이 그룹으로 성장해 갈 수 있도록 도와주는 촉진자 기능을 말한다. ─옮긴이

변화를 이끌 수 있는 기술을 배울 수 있다. 이렇게 함으로써 마을 사람들은 정보나 다른 조직들에 기대지 않을 수 있다.

우리가 연구한 사례들을 보면, 리더십 교육 프로그램은 교수법, 멘토링, 코칭 그리고 모델링 같은 다양한 형태로 진행되었다. 특별한 과제를 받은 사람들에게는 일대일 교육을 하고, 다른 경우에는 그룹으로 진행했는데, 그룹 참여자들이 문제에 어떻게 접근하고 목표를 이루기 위해 필요한 사업들을 어떻게 평가할 것인가를 공부했다. 리더십 교육 프로그램이 마을 만들기에 반드시 필요한 요소라는 사실이 버지니아 주 아이반호 마을의 사례 연구에서 분명히 드러난다.

리더십 교육 프로그램은 아이반호 마을 만들기 운동의 기초를 놓았다. 마을 사람들이 지역 문제를 이해하고 사회적 기술들을 배우기 위해 초기에는 비공식적으로 나중에는 의도적으로 교육 사업을 펼쳐 나갔다. 마을 사람들은 '마을 발전', '주택 문제', '마을 조직' 그리고 '리더십' 같은 주제를 다루는 컨퍼런스와 워크숍에 참석하였다. 어떻게 조직을 만들고 유지하며, 마을 만들기 로드맵을 경제적으로 기획하는 가에 대한 기술을 배우는 교육 프로그램이 시작되었다.

마을 사람들은 이러한 교육 프로그램을 진행하면서 빠르게 많은 것을 배워 나갔다. 또한 지방 관료들과 다양한 방식으로 대립하고 갈등하면서 비공식적인 학습이 이루어졌다. 마을 사람들은 워크숍과 컨퍼런스를 통하여 그리고 마을을 방문한 전문가와 컨설턴트로부터 배우기도 했다. 아이반호 마을에 사는 슈놀트 씨는 비공식적인 교육을 이렇게 평가했다. "내가 전혀 예기치 못했던 수준으로 지방 정부에 대해 많이 알게 되었고, 어떻게 지방 정부에 접근해야 하는 지 깨달았다. 지방 정부가 몇 년 동안 우리들을 거리낌 없이 기만했다는 사실도 깨달았다." 그러나 이 경험이 충분조건은 아니다. 마을 사람들은 자신들의 활동을 평가하고 분석해야 하며 여러 요소들을 연관시켜 생각하는 법을 배워야 한다. 그리고 경험이 학습 과정의 일부라는 것도 알아야 한다.

십 년 동안 진행한 블랜딘 마을 리더십 프로그램은 마을 만들기 과정에서 마을 사람들이 운동에 필요한 기술을 배우는 게 얼마나 중요한가를 분명히 보여준다. 이 마을 사람 약 이천 명이 이 프로그램을 통해 배웠다. 이 프로그램은 마을의 리더들을 키우기 위해 설계했는데, 여기에서 마을 리더들은 어떻게 마을의 변화를 일으키고, 갈등을 풀어가며, 합의를 끌어내서 미래를 기획할 수 있는가를 토론하고 익혀 나갔다.

마을 활동가들을 위한 질문

- 마을 사람들에게 어떤 교육 프로그램이 필요한가? 그리고 그 프로그램을 어떻게 만들 것인가?
- 마을 사람들이 특정 영역의 교육이 필요하다고 생각하는가? 어떤 프로그램이 가장 좋은 효과를 낼 수 있는가?
- 교육 프로그램이 마을 만들기 과정에서 지속적으로 중요한 일부 기능을 하는가? 아니면 한 번의 프로그램으로 끝나고 마는가? 목표를 세워 활동 내용을 정하고 모임을 갖는 것 역시 교육 과정의 일부이다. 마을 만들기의 참여 경험과 교육 프로그램을 적절히 배합하고 있는가?
- 경험 있는 사람들이 새로 참여하는 사람들을 교육시키고 있는가?

기존 조직을 운동 초기부터 참여시켜야 한다

오랫동안 마을에 살면서 평판이 좋은 원주민 조직들을 초기부터 참여시키는 일은 매우 중요하다.

많은 마을 만들기 운동은 교인들, 시민 조직, 정부 기구 그리고 학교에서 시작하거나 지원을 받았다. 다양한 사회 그룹이 참여하면 다음과 같은 효과가 있다.

- 사회 접촉의 강화 — 이미 촘촘히 짜여진 기존의 사회적 연결망은 마을 만들기 성공에 필요한 의사소통 채널로 기능한다.
- 운동의 정당화 — 사회 조직의 리더들은 오피니언 리더들로 기능한다. 마을 만들기 운동에 참여하기 전에 마을 사람들은 사업에 대한 리더들의 입장이 무엇인지 궁금해 한다. 어떤 경우에는 마을 만들기 사업을 시작하기 전에 마을 리더들의 허락을 구하는 일이 필수적인 정치 과정이 되어야 한다.

- 자원에 대한 접근 — 지역 조직들은 마을 만들기에 필요한 다양한 자원(인적 자원, 시설, 지식이나 정보, 장비, 내부 혹은 외부와의 연대 자원 등)을 가지고 있다.

마을 활동가들을 위한 질문

- 마을의 어떤 교회 단체, 학부모 단체, 상공업자 협의회가 마을과 깊은 관계를 맺고 있는가?
- 이들을 어떻게 마을 만들기에 끌어들이는가?

전문가의 도움을 적절하게 받아야 한다

마을 사람들이 전문가로부터 기술 지원(상담 기술이나 특정 분야 사업 기술 등)을 받으면 마을 만들기 운동에 대한 자신감을 얻을 수 있다.

기술 지원을 하는 전문가들은 마을 만들기 과정에서 마을 사람들에게 부족한 지식이나 기능을 알려 준다. 또한 전문가들은 마을 사람들 스스로 일을 진행할 수 있도록 교육할 수 있다. 예를 들면, 전략을 짜고, 이사회를 꾸리며, 조직을 어떻게 운용하는가를 가르친다. 전문가들은 사람들이 마을 만들기 과정에서 부닥치는 아주 미세한 기술 지원도 아끼지 않는다. 이런 형태의 기술 지원을 받는 실례들은 다양하게 나타난다. 마을을 파악하기 위해 조사 전문가를 쓰기도 하고, 컴퓨터 시스템에 대한 도움을 받기 위해 컴퓨터 전문가를 부를 수도 있으며, 마을 의료 문제를 파악하기 위해 의료 진문가와 상담을 할 수도 있다. 그리고 기금을 마련하기 위해 모금 기법을 전문가에게 배울 수도 있다.

기술 지원은 마을 만들기의 속도와 효율성을 끌어올리고 좋은 기획과 조직 발전, 리더십 발전을 통하여 마을 만들기 운동의 질을 높인다. 마지막으로 기술 지원을 하는 전문가들은 외부로부터 마을 만들기에 도움이 되는 관점들을 제공한다.

마을 활동가들을 위한 질문

• 외부 전문가의 도움으로 마을 만들기 과정을 보다 빠르게 전개할 수 있는가?

• 전문가들이 단지 정보나 서비스만을 제공하기 원하는가 아니면 좋은 교육 프로그램까지 기꺼이 제공하기를 원하는가?

• 우리가 지원을 받으려는 기술 전문가가 마을 만들기를 실질적으로 지지하고 있는가?

마을 만들기 리더를 꾸준히 길러 내야 한다

시간이 오래 걸리는 마을 만들기 과정에서 새로운 리더를 만들 수 있을 때, 마을 만들기는 성공할 가능성이 높다.

마을 만들기 리더들은 운동의 의욕을 유지시키는 활동을 주도할 뿐만 아니라, 기능적 활동을 하기도 하고, 운동의 방향을 정하거나 지역 과제를 정하기도 한다.

새로운 리더는 다음 두 가지 이유 때문에 필요하다. 첫째, 현장을 떠나는 리더들을 대신할 사람이 필요하기 때문이고 둘째, 새롭게 요구되는 리더십에 대한 수요를 충족시키기 위해서다. 마을 만들기 운동이 진화하면서 다양한 사업들을 책임질 수 있는 사람들에 대한 수요가 꾸준히 늘어나기 때문에 이러한 수요를 충족시킬 필요가 있다.

샌프란시스코에서 벌인 텐들로인 노인회 프로젝트는 프로젝트에 참여한 많은 사람들에게 리더십 교육 프로그램을 제공하였다. 이 프로그램을 통해 사람들은 건물 주인이나 시청 관료 사람들과 직접 만나기 전에 이들에게 어떻게 접근해야 하는가를 배웠다. 많은 예행연습과 교육의 결과, 어떤 문제든 다룰 수 있는 리더들을 키울 수 있었다. 만약 어떤 리더가 아파서 시청 관료와 일을 할 수 없을 때는 즉각 다른 사람이 대신 일을 맡아 계획된 시간에 진행할 수 있었다. 텐들로인 노인회 프로젝트는 리더십 교육 프로그램을 통해 아주 다양하고 풍부한 리더들을 확보했다.

필요하면 언제든지 새로운 리더가 리더십 공백을 메꾼 지역에서 마을 만들기 운동은 성공했지만, 리더십 공백을 메우지 못한 마을 만들기 운동은 사멸하고 말았다.

마을 활동가들을 위한 질문

- 마을 만들기 과정이 지금의 운동 조직을 시작한 사람에게 지나치게 기대고 있지 않은가?
- 다양한 형태의 리더들 그리고 다양한 자원에 기초한 리더를 찾고 키우기 위해 어떠한 노력이 필요한가?

결정 과정에 마을 사람들이 통제력을 가져야 한다

마을 만들기 운동 과정의 중요한 결정, 특히 재정을 어떻게 쓸 것인가에 대해 마을 사람들이 통제할 수 있어야 한다.

사례 연구들을 보면 재정이나 다른 자원을 제공하는 정부나 재단은 자신들의 분명한 의제와 요구가 있다. 따라서 재정 쓰임새를 외부에서 전적으로 통제하면 마을 사람들의 필요와는 다르게 기금이 쓰일 수 있다. 기금 사용을 통제하는 마을 조직들은 외부의 요구를 어느 정도 무시하고 자율성을 갖기 때문에 마을 사람들의 필요에 운동의 초점을 맞출 수 있다.

마을 조직이 외부의 요구를 잘 통제해야 목표를 벗어나지 않을 수 있다. 외부 기관들은 그들이 세운 의제와 목표가 있기 때문에 이제 막 만들어진 마을 조직보다 보다 효과적으로 일할 수 있다. 열정적인 외부 기관 사람들은 마을 만들기 과정을 쉽게 조정하거나 그들 쪽으로 흡수할 수도 있다. 마을 만들기가 실패한 경우를 보면 정부나 재

단이 정한 수많은 목표들 때문에 마을 조직이 마을 사람들의 요구에
초점을 맞추지 못하고 갈팡질팡했던 사례가 많았다.

마을 활동가들을 위한 질문

• 기금을 어떻게 쓸 것인가를 결정하는 데 마을 만들기 운동이 유연성을
  가지고 있는가?

• 기금을 제공하는 정부나 기관의 의제는 무엇인가? 그들의 의제와 마을
  사람들의 요구가 일치하는가?

내부와 외부 자원이 균형을 이뤄야 한다

마을 만들기 과정에서 지나치게 많은 자원은 마을 사람들의 자발성을 고갈시키고, 너무 빈약한 자원은 사업 자체를 고갈시킬 수 있다. 따라서 내부 자원과 외부 자원은 적절하게 균형을 이뤄야 한다.

자원의 적절한 균형은 운동의 성공을 위해 반드시 필요하다. 자원이 외부나 내부로부터 나오는가 그리고 내부와 외부 자원의 배합 수준이 어느 정도인가는 정말 중요하다. 지나치게 많은 자원은 마을 공동체를 압도하고 마을 사람들 사이의 관계 발전과 운동 역량을 발전시키는 데도 도움이 되지 않는다. 그러나 너무 빈약한 자원은 마을 사람들의 창발성을 막고 결국 운동 과정에서 주요한 장애물이 된다.

자원이 어디로부터 오는가?

마을 만들기에 필요한 자원의 일부를 마을 사람들이 담당하면 마을 만들기는 성공할 가능성이 높다. 마을 사람들의 재정 지원은 마을 사람들의 노력 지원으로 이어지기 때문이다. 마을 사람들이 기금 마련을 위해 노력하는 동안, 혹은 내부 기금을 사용하는 동안 마을 사람들은 문제 해결을 위한 기술을 배우며 다양한 노력을 시도한다. 돈으로 이득을 보기 위해 마을 만들기에 참여한 사람들은 차츰 흥미를 잃지만, 진정으로 마을 만들기를 위해 참여한 사람들은 점점 적극적으로 변한다. 『지역 주민 공동체 보고서』에 따르면 풀뿌리 조직들은 기금 모금의 다양한 방식들을 매우 중요하게 생각한다. 그러나 내부 조직에서 기금을 마련하는 것은 필수 불가결의 원칙이다. 연구 대상 마을 가운데 자체적으로 기금의 일부를 마련한 마을은 약 육십칠 퍼센트였다.

자원의 흐름

아무리 간단한 일을 할 때에도 자원이 필요하다. 예를 들어 마을 사람들과 소통하기 위해 모임을 열 때 종이와 복사기, 도장과 봉투가 필요하다. 자원이 부족하면 일을 진행하는 마을의 능력에 영향을 주고 이는 결과적으로 역량을 개발할 능력을 떨어뜨린다.

민디 라이터만은 마을 기업을 통한 마을 만들기에 대한 보고서에서 부족한 자원은 마을 만들기의 장애물이라고 말했다. "자원이 부족하면 우리가 마을 만들기라고 말하는 노력들—마을 사람들과 관계 맺기, 외부 기관과 연대하기의 관계 형성—방치되고 말 것이다."

한편, 지나치게 많은 외부 자원은 사람들 스스로 마을 만들기를 위한 기술을 배우려는 욕구를 빼앗아 감으로써 마을 만들기 과정을 방해한다. 농촌 개발에 대한 여덟 건의 논문은, 재정 자원이 충분하고,

충분한 자원이 구체적인 계획과 결합되어야 하며, 가능하다면 마을 사람들이 자원 관리 경험을 지속적으로 쌓을 수 있을 때, 마을 만들기 운동이 성공한다고 밝힌다.

체코웨이의 세인트루이스 도시 마을 연구에서는 타이밍과도 연관이 있다고 했다.

"리더들은 첫 번째 마을 만들기 사업을 자발적 기부와 마을 사람들의 참여로 시작해야 한다. 그들을 움직이게 하는 것은 외부의 자금 원조가 아니라 마을 공동체의 위기와 책임(의무) 그리고 리더십이어야 한다. 이윽고 마을 리더들이 그들의 계획을 진전시키며, 제프 밴더 루 마을의 프로그램을 확장시키고 다양화할 정부 융자를 받는다. 어느 정도 시간이 흐른 뒤 마을은 외부 민영·공공 자원으로부터 큰 도움을 받게 된다."(1985)

마을 활동가들을 위한 질문

- 마을 만들기를 위한 노력이 너무 많은 자원에 압도 당해 내재된 힘의 발현을 막고 있지 않은가?
- 마을 만들기를 위한 노력이 외부 자원을 요구하는 시점에 와 있는가?
- 마을 만들기를 위한 노력이 마을로부터의 자원을 동원하고 있는가?

24

마을 만들기 활동가는 그 마을을 잘 이해해야 한다

마을 만들기 활동가는 그 마을의 문화와 사회 구조, 인구 통계, 정치 구조와 크고 작은 쟁점들을 이해해야 한다.

용어들의 정의는 다음과 같다.

- 문화 — 일상적인 삶의 유형이나 결정에 영향을 미치는 믿음 체계, 사회 규범, 마을의 전통(종교적 경향과 민족적 경향).
- 사회 구조 — 마을 사람들을 연결하는 사회적 그물망(누가 누구와 이야기를 나누는가, 어느 조직에서 누가 어떤 역할을 맡고 있는가, 도덕적 지원이 필요할 때 누구에게 요청하는가?).
- 인구 통계 — 마을 인구의 특징으로 연령대, 민족적 배경, 생활제도, 거주 방식.
- 정치 구조 — 마을의 공식·비공식적 권력 관계
- 쟁점 — 마을 사람들 마음속 주요 관심사

마을에 살고 있건 아니건 개인의 사회 경험이나 지위는 마을을 이해하는 데 영향을 미칠 수는 있지만, 이해의 정도를 전적으로 결정하지는 않는다. 마을에 산 지 얼마 안 되는 활동가가 마을 만들기를 시작하면서 열정을 불태울 때, 마을의 문화를 충분히 이해하지 못하면 비참하게 실패할 수 있다. 거꾸로 말하면, 마을에 살지 않더라도 그 마을과 오랫동안 관계를 맺어온 활동가라면 깊은 이해를 바탕으로 마을 만들기를 시작할 수 있다.

마을 활동가를 위한 질문

- 마을에서 어떤 결정이 어떻게 이루어지는지 정확히 이해하고 있는가?
- 마을의 사회 규범과 가치, 문화를 이해하고 있는가?
- 마을의 역사를 이해하고 있는가?
- 마을의 서로 다른 그룹의 인구 구성과 그들이 어떻게 서로 연관되는지 이해하고 있는가?
- 마을이 무엇을 필요로 하고 무엇을 어려워하는지 이해하고 있는가?

25 마을의 행복을 위해 진정으로 헌신해야 한다

활동가들이 마을을 위해 진정으로 헌신한다고 마을 사람들이 느낄 때 마을 만들기는 성공할 수 있다.

마을 사람들이 활동가들을 평가하는 기준은 다음과 같다.

- 마을의 장기적 행복에 관심이 있다.
- 마을에 지속적인 애정을 갖는다.(적어도 시작 단계에서는)
- 정직하다.
- 외부 사람의 이익을 위해서가 아니라, 기본적으로 마을 사람들의 이익을 위해 헌신한다.

인도에서 마을 만들기를 위한 많은 실험을 진행했는데 특히 성공적인 리더의 특징을 살펴 본 연구들에 따르면, "마을 만들기에 성공한 리더는 그들이 리더 활동을 함으로써 얻는 개인의 지위나 이득보

다 마을을 발전시키려는 진정한 열망을 보였기 때문에 마을 사람들
로부터 존경 받았고 리더로서 받아들여졌다."

마을 활동가를 위한 질문

- 마을의 이익을 최선에 두고 행동하는가?
- 마을 사람들이 활동가들을 공정하다고 믿는가?
- 활동가들이 마을 사람들과 사귀기 위해 시간을 보내는가?
- 활동가들이 오랫동안 마을 만들기 운동에 참여할 뜻이 있는가?
- 마을 만들기 과정에서 겪을 수 있는 고통스러운 시간을 마을 사람들과
  함께 인내할 각오가 되어 있는가?

마을 사람들과 신뢰를 쌓아야 한다

신뢰는 모든 인간관계에서 중요한 요소이다. 특히 좋은 인간관계가 기초를 이루는 마을 만들기에서는 신뢰의 중요성을 다양한 연구들이 강조한다. 마을 만들기 과정에서 활동가들은 종종 어려움을 참고 견디며 곤란한 일도 묵묵히 해 내면서 오랜 시간 동안 시간과 에너지를 쏟아야 한다. 다양한 일을 진행하는 활동가들은 육체적으로나 정신적으로 지치기 쉽다. 마을 만들기에 참여하는 사람들은 그들이 잘 아는 방식으로 서로에게 기댈 수 있어야 한다.

- 마을 사람들과 활동가는 사명과 비전을 공유해야 한다.
- 활동가들은 마을 사람들에게 무엇이 가장 큰 이익인지를 찾아야 하며, 마을 사람들을 이용하려 들어서는 안 된다.
- 활동가들은 특정 조직이나 모임을 편애해서는 안 된다.
- 활동가들은 마을 사람들과 같은 말을 써야 한다. 마을 사람들 눈

높이에 맞춰 소통할 때 마을 만들기 운동에 대한 이해를 공유할
수 있다.
• 활동가들은 마을을 위해 헌신하겠다는 스스로의 약속을 끝까지
지켜야 한다.

  남부 애팔래치아의 실례는 마을 사람들이 활동가를 받아들이는
게 얼마나 중요한지를 잘 보여 준다.
  지역 대학교 소속 마을 활동가가 절망적인 경제 상황에 놓인 마을
로부터 도움을 요청 받았다. 마을로 가기 전에 활동가는 자신을 초대
한 마을 선교사에게 마을의 문제를 명확하게 이해하도록 도와달라
는 편지를 썼다. 첫 번째 방문에서 활동가와 그의 아내는 거의 대부
분의 시간을 마을 사람들과 이야기하며 보냈다. 마을 사람들의 집을
방문하기 전에 활동가와 아내는 그들이 믿을 수 있고 친절한 사람이
라는 말을 전해 달라고 선교사에게 요청했다. 활동가와 그의 아내는
마을로부터 환영 받았고, 마을의 많은 사람들과 대화할 수 있었다.
  다른 한편으로 활동가는 마을 사람들에게 그가 어느 한 조직의 이
익을 위해서가 아니라 마을 전체 사람들을 위해 일한다는 것을 증명
해야 했다. 활동가는 매주 거의 대부분을 마을 숙소에서 지냈다. 그
는 거기에서 지역의 다양한 조직과 모임, 교회 신도들(목사의 설교
를 포함하여), 비공식 모임들과 이야기하면서 밤낮을 보냈다. 그는
마을 사람들로부터 저녁 식사 초대를 받았고, 다양한 계층의 사람들
과 연락을 주고받았다. 마을 사람들의 집을 찾아가서 마을의 미래를
걱정하고, 모든 사람들이 마을 만들기 운동에 참여해 미래에 대한 신

넘을 함께 가져야 한다고 역설했다. 활동가는 모든 계층의 사람들과 굉장히 친해졌다. 차츰 마을 사람들은 활동가가 벌이는 프로그램이 그들을 위한 일이라고 여기게 되었다.

마을 활동가를 위한 질문

• 마을 사람들과 관계를 발전시키기 위해 시간을 보내는가?

• 마을 사람들과 신뢰 관계를 쌓을 수 있는 사회적 기술이 있는가?

• 특정 사람들을 편애하지 않는가?

• 마을 사람들과 목표와 사명을 공유하는가?

• 마을 사람들이 활동가가 처음에 보여 준 헌신과 약속을 끝까지 지킬 수 있다고 믿는가?

활동가는 다양하고 풍부한 경험을 쌓아야 한다

다른 조건들이 같다면, 오랫동안 폭넓은 경험을 가진 활동가가 그렇지 않은 활동가보다 마을 만들기를 위한 노력을 효율적으로 할 수 있다.

숙련된 마을 활동가의 장점은 다음과 같다.

- 일에 필요한 사항들을 현실적으로 파악하는 능력이 뛰어나다.
- 마을 사람들에게 동기를 불러일으켜 같이 일하게 만드는 능력이 뛰어나다.
- 일을 계획하고 효과적으로 성과를 내는 능력이 뛰어나다.

지역 역량 지원 사업단(Local Initiatives Support Corporation, LISC)이 벌인 광범위한 마을 만들기 프로그램 연구는, 우리에게 경험 있는 활동가의 장점을 잘 보여준다. 이 연구에 따르면, 숙련된 활동가는 마을 만들기 과정에서 많은 차이를 만들어 낸다. 경험 많은 활동가는 마을 사람들에게서 잠재적 리더십을 평가하고 발굴하는 능력이 있었다.

보이턴 해변 마을의 활동가는 마을에서 가게를 운영하는 아트 매튜 씨에게서 리더로서의 잠재력을 발견했다. 아트 씨가 마을 만들기 사업을 마을을 변화시키는 좋은 기회라고 생각한다는 걸 알아챈 활동가는 그의 잠재력에 대해 다른 자원봉사자에게 말하였고, 아트 씨를 만나 마을 만들기 사업의 일부를 맡아 달라고 부탁했다. 아트 씨는 부탁을 받아들였다. 다른 자원봉사자들도 그의 열정과 책임감 그리고 조직을 이끄는 방식에 감탄했고, 더욱 열심히 마을 만들기 사업을 해 나갔다.

마을 활동가를 위한 질문

- 마을 사람들은 어떤 경험을 가진 활동가를 원하는가?

- 일을 하는 데 필요한 경험이 있는가?

- 경험이 부족한 활동가를 위해 교육 프로그램이나 기술 지원을 할 수 있는가?

활동가들은 끊임없이 변화하는 상황과 환경에 유연하게 대처하고 적응해야 한다

오랜 기간이 걸리는 마을 만들기 과정은 조직과 기능의 변화와 참여자들의 변화를 경험한다.

메러디스 밍클러는 텐들로인 마을 노인회 조직 프로젝트가 십오 년 동안 조직의 어떤 변화를 경험했는지 연구했다. 처음에 조직은 아침 식사를 제공하거나 식품 생협의 직원을 늘리는 등 서비스 공급에 초점을 맞추었다. 그러다 몇 년 뒤에는 서비스 공급보다는 리더십 교육이나 기술 지원 제공에 초점을 맞추었다. 이러한 변화는 프로젝트 활동가들의 관찰과 학습의 결과로 이루어졌다. 마을 사람들의 사회적 능력을 향상시키기 원했던 활동가들은 보다 나은 방법을 찾기 위해 꾸준히 새로운 정보를 모았고 이에 적절히 반응한 결과 이러한 변화가 이루어졌다.

활동가들이 의사 결정에 마을 사람들의 참어를 높이고자 하는 정부 관료인 경우도 있는데, 코텐에 따르면 정부 프로그램으로 파견된 활동가는 마을 만들기 과정에 방해물이 되기도 한다(1980). 왜냐하면 경직된 규칙과 지침을 엄격하게 적용하고 마을 사람들의 필요에 대응하는 능력이 부족하기 때문이다.

마을 활동가를 위한 질문

- 변화하는 상황과 정치 환경 그리고 사회 풍조에 적응할 수 있는가?
- 마을 사람들에게 유연하게 접근하고 마을의 필요에 적절히 대응하는가?

앞으로의 연구 과제

성공적인 마을 만들기를 위한 스물여덟 가지 요소들은 경험으로 확인하고 계량화해야 한다. 마을 만들기 운동을 연구하는 학자들이 이 요소들을 측정할 수 있는 적정한 경험 기준을 세워 주기를 기대한다. 또한 무엇이 마을 만들기를 성공적으로 만드는 가에 대한 우리의 이해를 더욱 깊고 정확하게 밝혀 주기를 기대한다.

보다 수준 높은 연구들은 다음 질문들에 답할 수 있을 것이다.

- 여러 요소 중 어떤 요소가 다른 요소보다 더 중요한가?
- 요소들이 어떻게 서로 연관되는가?
- 특정 마을에서 특정 요소가 더 중요한가?
- 특정 마을에서는 특정 요소를 충족시키기가 왜 어려운가?

이러한 질문에 답할 수 있다면 현장에서 마을 만들기를 위해 일하는 활동가들에게 중요한 정보를 줄 것이다.

이 책의 활용에 대한 제안

마을 만들기는 몸을 단련시키는 과정과 닮았다. 이 책이 '달리기'에 대한 내용이라면, '달리기'를 성공적으로 이끄는 요소들을 가려내야 한다. 가령 우리가 더 멀리, 더 오래, 5킬로미터 달리기에서 승자가 되는 요소가 무엇인지, 아니면 마라톤을 뛸 수 있는 능력을 강화시키기 위해 무엇을 해야 하는지 정확히 가려내야 한다. 따라서 우리는 영양 섭취, 연습 일정, 코치의 특성 같은 요소 등을 가려내었다.
　우리가 살펴본 스물여덟 가지 요소들을 바탕으로 우리의 목표를 이루기 위해 다음 몇 가지를 주목해야 한다.

- 스물여덟 가지 요소들은 우리의 능력을 높여 줄 뿐이지, 달리기에서 승리를 보장하지 않는다. 역량을 강화했다는 것은 우리가 승리할 수 있는 확률을 높여 줄 뿐이다. 마찬가지로, 성공적인 마을 만들기를 이끄는 요소들도 마을의 사회적 능력을 향상시킬

뿐이다. 스물여덟 가지 요소들은 마을의 문제를 해결하는 환경을 만들 뿐이지, 마을이 원하는 무엇이든지 이룬다는 것을 의미하지 않는다.

- 마을마다 스물여덟 가지 각 요소들이 많거나 적기 때문에 마을 만들기 운동의 과정이나 속도도 달라진다. 마찬가지로, 마을 만들기를 시작하는 마을의 사회적 능력은 마을마다 다르다. 사회적 능력이 좀 더 높은 마을은 성과를 좀 더 빨리 낼 수 있으며, 마을 사람들이 일에 대한 성과 수준을 어느 정도 예측할 수 있다.
- 스물여덟 가지 요소의 조합은 마을마다 다르며, 마을 공동체가 궁극적으로 이루려는 목표에 따라, 그들의 사회 능력에 따라 그리고 그들이 처한 환경에 따라 필요한 요소들의 조합이 달라져야 한다.

마을 만들기를 시작하려는 모든 마을은 자기 자신을 평가하여 어떤 요소가 성공적인 마을 만들기를 위해 필요할지 결정해야 한다.

이 책의 독자들은 마을 만들기에 관심 있는 다양한 사람들이다.

- 자신이 사는 마을의 삶의 질을 개선하려는 개인
- 마을 만들기 운동에 참여하거나 지원하는 비영리 단체 및 정부 기관 관리자
- 마을 만들기에 관심 있는 조직과 함께 일하거나 도움을 주는 마을 조직 전문가나 개발자
- 중요한 사회직 목표를 이루기 위해 자원을 최소 비용 효율주의

에 기초하여 분배하는 후원자, 정책 입안사 그리고 징책 결정지

- 어떤 방식으로든 마을 만들기에 참여하고 있는 개인들

우리는 독자들이 이 책을 통해 무엇이 마을 만들기를 성공적으로 만드는 가에 대해 충분히 이해할 수 있다고 믿는다. 하지만 그 지식을 어떻게 적용시킬 것인지는 독자들 스스로 결정해야 한다.

예를 들면, 이 책에서 잘 발전된 의사소통 체계가 있어야 한다고 분명하게 지적했지만, 그러한 체계를 만들고 발전시키는 방법은 여러 가지가 있다. 최선의 방법은 그 마을의 상황에 따라 다르다.

게다가 마을 만들기 활동가는 반드시 이 책에서 다루지 않은 요소를 자신만의 경험으로 조율해야 한다. 이 연구의 특성상 여기서 밝히지 못한 다른 요소들이 있을 수도 있기 때문이다.

이 책은 마을 만들기에 대한 일반적 이해를 돕는다. 마을 만들기를 위한 노력 뒤에 숨은 성공 요소를 알기 위해 읽는 것이다. 그러면 활동가는 자신이 마을 만들기를 계획할 때 필요한 개념을 얻을 수 있다.

마을 만들기를 구상하는 과정에서 다음 질문을 해야 한다.

- 활동가 자신이 처한 상황에서 성공에 필요한 모든 요소들을 갖출 수 있는가?
- 성공 요소를 갖추기 위해 드는 비용(시간과 돈 그리고 다른 자원들)은 얼마나 될 것인가? 마을 만들기의 성과로 얻는 이득이 잠재 비용을 넘어설 것인가?

마을 만들기를 진행하는 동안이나, 활동가들이 마을 만들기를 시작하기로 결정한 순간, 활동가들이 구체적인 계획을 세우거나 어떤 결정을 내려야 할 때 이 책을 참조할 수 있다. 이 책에서 밝힌 스물여덟 가지 요소들을은 적어도 다음 세 가지 방법으로 활동가들을 도울 수 있다.

첫째. 활동가들은 마을의 조직이 마을 만들기에 필요한 모든 요소들을 지녔는지를 확인하는 체크리스트로서 이 책을 쓸 수 있다. 만약 어떤 요소가 부족하다면 그것을 채우기 위한 단계적 조치를 취할 수 있다.

- 제안된 계획들이 개별 요소들을 어느 수준으로 갖췄는지를 평가해 본다. 예를 들어, 마을 사람들이 지역의 문제를 충분히 인식하는가? 그 문제를 해결하려는 동기가 얼마나 강한가?
- 만약 제안한 프로젝트가 특정 요소 항목에서 낮게 평가된다면, 프로젝트를 취소할 만큼 평가가 아주 낮은지 아니면 항목 평가를 높일 수 있는 향상시키기 위한 단계적 조치를 밟아갈 수 있는가?
- '개발'과 '지속성'을 위해 계획한 마을 만들기 운동이 성공에 필요한 요소들을 가지고 있는가?

둘째. 활동가들의 생각을 확장시키는 데 이 책을 활용하라. 성공적인 마을 만들기를 위해 비슷한 상황의 마을들을 살펴 봄으로써 보다 나은 방법을 찾을 수 있다.

예를 들면, 활동가들이 마을 만들기를 위한 기능(그룹 활동 방식,

평가와 정보 수집, 정치 과정에 대한 이해)을 배우는 교육 프로그램이 있으면, 마을 만들기는 성공할 확률이 높아진다. 마을 만들기 운동에 필요한 기능을 배우기 위해 어떤 방법을 쓸 것인가 — 멘토링, 워크숍 혹은 다른 방법들을 결정하는 지침으로 이 책을 활용하자.

셋째. 마을 만들기 과정에서 활동가들은 이 책을 통해 중간 점검을 할 수 있다.

예를 들어, 활동가들이 광범위한 참여자들을 끌어 모으기 위해 많은 시간을 썼지만 언젠가부터 새로운 참여자가 없다고 하자. 새로운 참여자를 모으는 노력이 부족했나 아니면 지금까지 참여한 사람들이 지쳤는가? 조직이 침체되어 가는가? 등을 점검할 수 있다.

마을 만들기는 한 번으로 완성되는 일이 아니다. 몇 년이 걸리기도 하는 마을 만들기 과정에서 우리가 제시한 성공 요소들은 중첩되어 나타나고 시기에 따라 아주 다른 영향을 미친다. 어느 시기에는 하찮은 가치를 지니지만 다른 단계에서는 절대적으로 중요할 수 있다. 의심할 여지 없이, 우리가 각종 연구 자료를 통해 확인한 것 이외의 요소들도 영향을 미친다.

결론적으로, 마을 만들기는 예술이지 과학이 아니다. 우리는 우리가 분석하고 종합한 이 책이 활동가들에게 어떤 요소들이 영향을 미치고 미치지 않는지를 검토하고 생각해 보는 도구로 기능하기를 희망한다.

부록 1 정의

마을 공동체 관련 연구 성과를 조사하면서 우리는 마을 공동체의 성장과 발전을 위해 일하는 사람들이 자주 쓰는 말들을 접했는데, 대부분은 쓰는 사람에 따라 다른 의미를 가졌다. 이는 이 분야의 연구자와 실천가 모두에게 문제가 되었다.

마을 문제의 해결책에 대한 합의를 이끌어 내기란 대단히 어렵다. 마을 만들기 과정의 여러 측면을 설명하는 용어가 모호할뿐더러, 합의를 끌어 내기가 거의 불가능했다. 마을 운동의 조직가들은 그들의 일을 설명하는 일반적인 용어가 다른 방식으로 쓰일 때, 정책 입안자나 서비스 공급자 그리고 자금 공급자에게 일관되게 상황을 설명하기가 굉장히 어려웠다. 게다가 용어와 언어의 모호함은 자금 공급자와 수급자 사이에 오해를 낳았다. 막연한 전문 용어는 마을 사람들과의 소통을 방해했다. 연구자들은 해당 분야의 연구를 진전시키기 위해 필요한 '공통의 용어들'을 가지고 있지 않았다.

공통의 용어에 대한 동의와 이해는 보다 분명하고 정확한 의사소통에 도움이 될 것이다. 그리고 마을 사람들이 문제를 해결하는 능력을 높여 줄 것이다.

이 부록에서 우리는 일반 용어를 정의하고, 다른 저자들이 정의한 용어들을 소개하면서 그러한 용어가 다른 방식으로 쓰이는 것을 보여 줄 것이다. 그리고 왜 저자가 용어를 그렇게 정의했는지를 설명하고자 한다.

우리가 다룬 용어들은 다음과 같다.

- 마을 공동체
- 마을 개발
- 마을 조직
- 마을 만들기
- 역량 배양
- 마을 공동체의 능력
- 권력화

마을 공동체

마을 공동체라는 말은 지리적 위치와 심리적인 끈 그리고 공동의 목적을 위해 함께 일하는 사람들을 일컫는다.

마을 공동체란 지리적으로 한정된 지역에 살면서 서로 사회적이고 심리적인 끈을 가지고 있는 곳으로 정의한다.

이 두 가지 정의는 대부분의 사람들을 '마을에 사는 사람들'로 특
징 지우고 있기 때문에 채택했다. 이 정의는 도심의 주거지를 공유
하는 이웃을 의미한다. 다른 유형의 공동체도 물론 중요하지만 우리
의 주안점은 거주 공동체로 한정했다. 그리고 실제로 대부분의 마을
연구는 이러한 유형에 초점을 맞춘다.

이밖에 마을 공동체에 대한 정의는 아주 다양하다. 그 중 일부를
소개한다.

> '마을 공동체'란 서로 가까이 살면서 공통의 사회 · 경제 이해와 상
> 호부조로 묶인 사람들의 그룹이다.(The National Research Coun-
> cil, 1975)

> '마을 공동체'란 사회적 상호 작용이 빈번하고, 지리적으로 가까이
> 살면서 그들이 사는 장소와 서로 하나 혹은 그 이상의 심리적 끈
> 을 가진 사람들이다.(Christenson and Robinson, 1989)

> '마을 공동체'란 지역의 일반 시민들이 이루어 낼 수 있는 지역 공
> 공재(common good)를 의미한다. 이러한 관점의 마을 공동체는
> 지리적으로 가까이 산다고 해서 자동으로 주어지는 것이 아니라
> 집단으로 노력한 결과이다. 이는 고정된 개념이 아니며, 경험의 결
> 과나 의도하는 바에 따라 바뀔 수 있다. 또한 시민들이 관심을 갖

는 문제에 따라 변화할 수 있다.(Biddle and Biddle, 1965)

'마을 공동체'란 지역과 관련한 주요 사회 기능을 하는 사회적 구성단위나 시스템을 말한다. 또한 사람들이 일상생활 속에서 벌이는 다양한 활동들을 보다 큰 범주의 사회 조직 활동으로 연결시키는 기능을 한다. 이러한 사회 조직 활동을 공동체라 한다.(Warren, 1963)

'마을 공동체'란 구성원들이 소속감과 이웃들 사이에 서로를 귀하게 여기는 감정 그리고 서로의 헌신으로 부족한 부분을 채울 수 있다는 믿음을 나누어 갖는 것이다.(McMillan and Chavis, 1986)

마을 공동체 개발 (community development)

'마을 공동체 개발'이란 삶의 질을 높이기 위해 공동의 목표를 정하고 이를 이루기 위해 구성원들이 협력하는 과정을 말한다. 또한 네트워크를 조직하고 개인과 조직의 능력을 향상시키는 과정을 포함한다. 다시 말해서, 마을 공동체 개발이란 "마을 사람들의 인식 수준을 올리고 지역의 문제가 무엇인지 파악해서 그 문제를 해결하기 위해 필요한 마을 공동체 조직의 자신감과 능력을 높이는 것"을 말한다.

마을 공동체 개발을 다르게 정의하기도 한다. 마을 만들기 과정에서 사람들 사이에 네트워크 자원을 확보하는 데 초점을 맞추기보다는 마을의 개선이나 개량에 초점을 맞추는 정의는 마을 공동체 개발을 "그들의 경제, 사회, 문화 또는 환경 조건을 바꾸기 위해 사회적 행동(예시: 계획된 간섭)을 시도하는 사람들"이라고 한다. 이 정의는 마을 공동체 개발의 목적이 경제, 사회, 문화 또는 환경 조건을 개선시키는 데 있다고 본다. 이 정의에 따르면 마을 사람들의 사회적 기술이나 네트워크 또는 관계를 개선시키지 않은 채 획득할 수 있는 성과로 마을 공동체 개발을 인식한다.

이 책은 마을 공동체 개발의 일부분에 해당하는 마을 만들기에 초점을 맞췄다. 마을 공동체 개발이라는 용어는 문제를 총체적으로 해결하기 위해 반드시 필요한 능력을 향상시키기보다는 경제적 기회, 더 많은 주택 공급, 보다 나은 건강 상태 그리고 삶의 질의 지표와 같이 물질적으로 손에 잡히는 변화를 암시하기 때문에 우리는 의도적으로 마을 공동체 개발이라는 용어를 피했다. 우리가 만약 마을 공동체 개발 프로젝트의 성과를 측정한다면, 노숙자 감소나 유아 사망률 감소 같은 지표들이 포함될 것이다. 그러나 마을 만들기 과정의 성과를 측정한다면, 마을의 연계망이 강화되었는지, 마을 사람들이 문제 해결 방안에 대해 합의하였는지 혹은 문제를 해결하기 위해 서로 협력했는지를 포함해야 할 것이다.

마을 공동체 개발에 대한 다양한 정의는 다음과 같다.

> '마을 공동체 개발'이란 마을 사람들이 더불어 살아가는 능력과 마을에서 부닥치는 장애물 그리고 끊임없이 변화하는 지역 요소들을 통제하는 능력을 높이는 것이다.(Biddle and Biddle, 1965)

'마을 공동체 개발'이란 마을 사람들 스스로를 돕기 위해 배우고 동기를 부여하기 위해 노력하고, 마을 사람들에게 시민 정신을 가르치고, 참여를 위한 조직을 꾸리거나 기존 조직을 다시 활성화시켜 민주주의를 풀뿌리 수준에서 실행하고 강화하는 것, 스스로 생산하고, 스스로 지속하며 견뎌내는 성장의 과정을 시작하는 것, 상호부조 관계를 만들고 유지하는 것 그리고 지역 사회의 혼란을 최소화하고 긴장을 불어넣음으로써 마을 공동체 삶에 점진적인 변화를 만들어 내는 것이다.(Khinduka, in Cox et al., 1979)

'마을 공동체 개발'이란 마을 공동의 이익을 위해 문제 해결에 참여하는 사람들에 초점을 맞춘 계획적이고, 민주적으로 이루어지는 조직 활동이다.(Cawley, 1984, in Christenson and Robinson, 1989)

'마을 공동체 개발'이란 지역을 더 살기 좋은 마을로 만들거나 더 나은 일터로 만들려는 의사 결정 과정이며 프로그램 개발 과정이다.(Huie, 1984, in Christenson and Robinson, 1989)

'마을 공동체 개발'이란 조직적 의사 결정과 활동으로 문제를 해결하려는 마을 사람들을 돕기 위해 디자인한 교육 과정이다. 대부분의 마을 공동체 개발 모델들은 광범위한 시민 참여와 문제 해결을 위한 교육을 함께한다.(Long, 1975, in Christenson and Robinson, 1989)

'마을 공동체 개발'이란 주어진 환경에서 더 많은 사람들이 책임 있는 사회적 결정을 하는 과정이며, 이 사회적 결정을 통해 마을 사람들의 삶을 개선시키는 기회를 높이거나 수행하는 과정이다. (Oberle, Darby, and Stowers, 1975, in Christenson and Robinson, 1989)

'마을 공동체 개발'이란 마을 사람들이 맞닥뜨린 문제들을 풀기 위한 과정에 적극적이고 자발적인 참여를 의미한다. 일반적으로 이러한 활동은 마을 사람들과 정부 기관을 포함한 다양한 기관의 상호 관계를 강화시킨다.(Ploch, 1976, in Christenson and Robinson, 1989)

'마을 공동체 개발'이란 마을 사람들에게 이해 관계가 있는 문제를 지지하거나 반대하기 위한 적극적 사회 참여를 말한다. (Ravitz, 1982, in Christenson and Robinson, 1989)

'마을 공동체 개발'이란 지역에 기초한 어떤 조직이 외부의 전문 지원과 금전 지원을 받아서 그 마을 사람들 스스로 그들의 사회 · 경제 상황을 개선하기 위해 시도하는 상황이다.(Voth, 1975, in Christenson and Robinson, 1989)
'마을 공동체 개발'이란 다양한 지역 사회 그룹들이 개방적인 의사소통을 유지하면서 기꺼이 협력하려고 노력하는 활동이다. (Wilkinson, 1979, Christenson and Robinson, 1989)

'마을 공동체 개발'이란 마을 사람들이 정부 기관과 협력하여 마을의 경제와 사회 그리고 문화 조건을 개선하고, 이러한 활동을 국가 전체의 이해와 융합시켜 국가 발전에 기여하는 과정이다. 그러므로 이러한 복잡한 과정들은 두 가지 핵심 요소, 즉 마을 사람들의 활동과 이 활동을 지원하는 기술적 준비로 이루어진다. 다시 말해서 마을 사람들이 얼마만큼 서로 신뢰하는가와 적극적으로 참여하느냐가 중요하다. 둘째로는 마을 만들기 운동을 효과적으로 만드는 기술이나 다른 서비스들이 중요하다. 이러한 노력들은 다양하고 구체적으로 잘 디자인한 프로그램으로 나타난다.(The United Nations, 1963, in Christenson and Robinson, 1989)

'마을 공동체 개발'이란 여러 조직의 사람들이 공동으로 노력한 결과 반복해서 지속적으로 이루어지는 마을의 개선을 의미한다. 지속적인 개선은 다양한 개별 마을 개발로부터 비롯된다. 마을 개선은 마을 사람들의 욕구나 필요를 채워 준다.(Dunbar, 1972, in Christenson and Robinson, 1989)

'마을 공동체 개발'이란 그 일을 하는 사람들이 바라는 목표와 관련 있는 개인이나 시스템에 영향을 주기 위해 조화롭게 편성한 시도이다.(Tropman and Erlich, in Cox et al., 1979)

마을 공동체 조직 활동

마을 공동체 조직 활동이란 마을 사람들을 협력 관계로 이끌고 그들에게 스스로를 돕는 수단을 제공하는 과정을 일컫는다. 이 과정은 마을 만들기와 마을 공동체 개발을 위한 전략이다.

이는 우리가 최근 저작에서 찾아낸 마을 공동체 조직 활동에 대한 유용한 정의이다.

마을 공동체 조직 활동은 마을 안팎으로부터 핵심 자원을 찾아내고 이를 확장시키기 위해 장기간에 걸쳐 관계망을 만드는 일이며, 마을의 사회적 능력을 성장시키는 과정이다. 이 과정은 마을의 중요한 자원을 찾아내고, 마을 관련 정보를 모으고, 리더를 발굴해 교육시켜서 마을을 대표하게 만들고 마을 사람들의 온전한 파트너로서 봉사하도록 하는 것 그리고 마을 안팎의 다양한 네트워크 강화를 포함한다.

마을 만들기

마을 만들기란 일반적으로 마을에 사회적 네트워크를 만들고, 조직과 개인의 문제 해결 능력과 리더십을 개발하는 모든 과정을 일컫는다.

우리가 생각하는 마을 만들기의 정의는 마을의 사회적 능력을 높이기 위해 마을에서 벌이는 다양한 활동들이다.

다음은 마을 만들기에 대한 다양한 정의를 보여준다.

'마을 만들기'는 마을의 규범을 세우고, 사람들의 지지를 얻으며, 문제 해결에 필요한 자원을 강화시키려는 포괄적인 노력이다. (Committee for Economic Development, 1995)

'마을 만들기'란 마을 사람들 사이에 관계망을 만들려는 시도이며, 상호 책임감과 마을의 정체성에 기반하여 개인이나 조직이 적극적으로 행동하는 것이다.(Gardner in Leiterman, 1993: 6)

마을 만들기는 마을의 긍정적 변화를 위해 마을 개개인과 모임, 조직의 사회적 능력을 강화시키는 것이다. 마을 사람들에게 마을 만들기는 리더십 개발만 아니라, 기회를 포착해서 접근하며 변화를 만들기 위한 능력을 높이고 이들을 권력화하는 데 초점을 둔다. 마을 만들기는 마을 사람들 관계망의 질과 강도 그리고 범주에 초점을 두고 그 관계망을 통해 마을 외부의 조직과 어떤 네트워크를 만들 것인가에 집중한다. 인척 관계, 교제 관계 그리고 공식적인 조직 관계 같은 관계망을 통해 정보와 자원 그리고 원조가 들어온다. 마지막으로 조직에게 마을 만들기는 재화와 서비스를 효율적으로 공급하기 위해 마을의 공식, 비공식 기관들의 능력을 높이는 데 초점을 둔다. 자원을 극대화하고, 전략을 짜기 위해 마을 안팎의 조직들과 맺는 관계에 집중한다.(Kubisch et al., 1995)

역량 배양

'역량 배양'이란 마을을 위한 마을 사람들의 헌신성 정도와 동기, 자원을 조직하고 이용하는 능력, 문제를 이해하고 분석하는 능력, 문제를 함께 해결하는 능력 같은 요소들 중 하나 또는 전부를 포함한다. 어떤 학자들은 이 용어를 마을 공동체 개인뿐만 아니라 기관이나 기구의 역량에도 적용한다.

우리의 연구는 공동 사업을 협력해 이룰 수 있는 개인의 역량에 초점을 두었다. 이 정의는 유용하지만, 마을 만들기 과정에서 사회적 협력이 얼마나 중요한지에 대해 충분히 강조하고 있지는 않다. 그래서 우리는 사회적 네트워크에 대한 관심을 높이기 위해 '역량'에 사회적이라는 단어를 추가하여 '사회적 역량'이라 개념화하였다.

우리가 생각하는 사회적 역량의 정의는 마을 만들기에 참여하는 사람들이 효율적으로 함께 일할 수 있는 역량이다.

이 정의는 다음 능력을 포함한다.

- 관계망을 발전시키고 유지하는 능력
- 문제를 해결하고 현명한 결정을 내리는 능력
- 협력해서 목표를 정하고 일을 해 내는 능력

역량 배양 정의의 예시는 다음과 같다.

'역량 배양'이란 마을 사람들이 합의한 목표를 이루기 위해 그들의

자원을 조직하고 효과적으로 쓰는 능력이다.(Christenson and Robinson, 1989)

'마을 공동체 역량'이란 마을의 문제를 해결하기 위해 효율적으로 활용할 수 있는 마을 사람들의 헌신성과 자원 그리고 사회적 기술의 총체적인 합산을 의미한다.(Mayer, Rainbow Research, 1994)

사회적 자본

'사회적 자본'이란 사람들이 보다 쉽게 일하도록 만드는 사회적 기술, 지식, 호혜주의 그리고 규범과 가치와 같은 자원들을 일컫는다. 우리가 생각하는 '사회적 역량'의 정의는 '사회적 자본'의 정의와 비슷하다. 그러나 우리가 만난 많은 활동가들이 사회적 역량이라는 용어를 썼기 때문에 그 용어를 사용하였다.
사회적 자본의 정의는 다음과 같다.

사회적 자본이란 사람들의 사회 관계 속에 있는 자원이며 마을 공동체에 협력과 협동을 이루어 내는 조직 자원을 말한다. 물적 자본이나 인적 자본 같이, 사회적 자본도 사회적 자본이 아니라면 이룰 수 없는 결과를 만들고 다른 자원의 생산성을 높이는 자원이다. 사회적 자본은 세 가지 유형으로 나타난다. 첫째, 사람들은 가치 있는 정보를 교환하기 위해 사회적 관계를 이용한다. 예를 들면, 아이를 돌볼 사람을 찾는 부모는 마을의 아이 돌보미 공급자와 경험이 있는 친구들, 또는 이웃들과 상담을 통해 도움을 받을 수 있다. 둘째, 사회적 관계를 통해 생긴 신뢰는 일반화된 호혜주의를 마을의 규범으로 만든다. '당신이 또는 다른 누군가가 나중에 나를 도울 것이기 때문에 나는 지금 당신을 돕는다.' 이 과정은 엄격한 교환 관계를 요구하지 않는다. 오히려 마을 사람들 사이에 도움이 필요하면 언제든 받을 수 있다는 공유된 기대이다. 셋째, 사회 질서를 유지하는 규범과 가치 예를 들어, 결혼할 때까지 아이 가지는 것을 늦추거나 교육 투자를 중요하게 여기는 사회적 규범은 가족, 학교, 교회 그리고 다른 지역 사회에 중요한 규범으로 전이된다. 이와 같은 가치와 규범은 사회적 지지와 보상을 받음으로써 강화된다. 반면에 사회적 지지를 받지 못하면 사회적 처벌이나 지위를 잃는다.(Committee for Economic Development, 1995)

마을 공동체의 능력

'마을 공동체의 능력'이란 말은 잘 조직된 마을 공동체가 어떻게 작동하는 가를 설명하기 위해 레오나르드 코트렐이 처음 썼다. 우리가 이 말을 쓴 이유는, 다양한 연구들에서 자주 쓰였기 때문만 아니라 이 말이 구체성과 경험적으로 측정 가능하기 때문이다. 그러나 능력이라는 말에는 부정적인 암시가 있다. 예를 들어, 어떤 능력이 부족하다고 해서 그 마을을 무능력하다고 할 수 있는가? 이 개념이 좀 더 긍정적인 의미를 갖도록 하기 위해 마을 공동체의 사회적 능력이라는 용어에 포함시키기로 했다.

레오나르드 코트렐은 다음 네 가지를 마을 공동체의 사회적 능력이라고 정의한다.

첫째, 마을의 문제가 무엇인지 찾기 위해 효과적으로 협력한다.

둘째, 목표와 우선순위를 합의로 이끌어 낸다.

셋째, 목표를 이루기 위한 방법에 동의한다.

넷째, 마을에서 꼭 필요한 역할에 협력한다.

권력화

'권력화'라는 말은 연구자들 사이에서 여러 의미로 쓰인다. 이 말은 공식성을 부여하거나 법적 권한을 준다와 같이 형식적으로 쓰일 수 있으며, 자신들의 삶에 영향을 미치는 결정에 참여하는 사람들을 일컫는 개념으로도 쓴다. 또한 사회 변화를 이끌어 내거나 자기실현을 뜻하기도 한다.

코넬 대학 권력화 프로젝트에 따르면, 권력화는 이 책에서 말하는 마을 만들기와 비슷한 의미이다. 하지만 마을 만들기라는 말이 권력화라는 말보다는 다른 많은 암시가 없기 때문에 좀 더 구체적이고 잘못 해석될 가능성이 낮다.

권력화 정의의 예시는 다음과 같다.

'권력화'란 공식 권한이나 법적 권한을 주는 것. (…) 자기실현을 돕거나 영향력을 행사하는 것을 의미한다.(Merrian-Webster's Collegiate Dictionary, Tenth Edition, 1993)

'권력화'란 자원을 쓸 수 있는 개인의 역량을 높임으로써 얻을 수 있다.(Rubin and Rubin, 1993)

'권력화'란 마을 공동체의 약자에게 의도적으로 권한을 주는 과정으로, 상호 존경과 성찰, 관심과 참여와 관계된다. 이 과정을 통해 핵심 자원에 접근하지 못하던 사람들이 자원에 대한 접근과 통제를 할 수 있는 과정이다.(Cornell Empowerment Project, 1989)

부록 2

**마을 만들기
체크 리스트**

마을 사람들이 지역의 문제를 깊이 인식해야 한다

- 마을 만들기 사업의 목적이 지역 주민들의 긴급하고 직접적인 관심에 기초하는가? 시간이 흐르면서 이러한 관심을 보다 폭넓은 마을 만들기 사업으로 확대시켜 갈 가능성은 있는가?

- 지역 주민들이 마을 만들기 사업이 어떻게 그리고 얼마나 자신들의 생활에 영향을 미치는지 이해하는가?

마을 사람들로부터 자발적 동기가 나와야 한다

- 마을 만들기 운동에 대한 동기가 마을 내부에 있는가?

- 마을 사람들이 문제를 해결하기 위해 협력할 뜻이 있는가?

- 운동의 목표와 사업들이 마을 사람들로부터 직접 나오는가?

마을의 규모가 작아야 한다

- 마을 만들기 운동의 경계가 분명하고, 관리 가능한 지리적 영역에 초점을 맞추고 있는가?

- 운동에 참여하는 주민들이 자신을 같은 마을의 일원이라고 여기는가?

마을 만들기 조직은 유연성과 적응성을 가져야 한다

- 마을 사람들이 변화에 열려 있는가?

- 지역 사회 규범이 마을 만들기 과정에 심각한 장애물이 되는가?
  이러한 장애물을 없애거나 완화시킬 방법이 있는가?

- 필요하다면 목표와 과제 그리고 목적을 바꿀 수 있는가?

- 우리 조직이 마을 만들기 과정의 로드맵과 이슈와 관련하여
  한 방향으로만 고정되어 있지 않은가?

마을의 사회적 응집력이 높아야 한다

- 함께 일할 수 있는 마을의 장기 거주자들이 있는가?
  마을을 떠나거나 새로 들어오는 사람이 꾸준히 있는가?

- 자발적 모임이나 조직들(종교 단체, 스포츠 단체, 비즈니스 단체 등)이 마을
  에서 왕성하게 활동하는가? 그리고 그들의 자원을 마을 만들기를 위해 끌
  어들일 수 있는가?

- 마을에 잘 연결되지 않은 특정 그룹들이 있는가?
  이러한 그룹들의 상호 연계성을 강화하기 위한 방법은 없는가?

- 마을의 응집력을 고양시키는데 좋은 자극이 될 수 있는 문제(보다 나은 건
  강 서비스 혹은 교육 서비스)가 있는가?

토의로 합의를 끌어내고 협력하는 능력이 있어야 한다

• 마을 사람들이 협력해서 지역 문제를 해결한 경험이 있는가?

  혹은 어려움에 처한 이웃을 공동으로 도와 준 경험이 있는가?

• 마을 사람들이 대화와 토론으로 참여하는 기회가 주어지는가?

• 공동의 주민 결정 과정을 통하여 마을 사람과 사람,

  마을 사람과 활동가들 사이에 신뢰를 쌓아가는가?

뚜렷한 리더십이 있어야 한다

- 마을에 눈에 띄는 리더십 위치(종교 지도자, 지역 축제나 행사를 조직하는 사람들 등)를 가진 사람이 있는가? 이들이 마을 만들기 운동에 관심을 갖고 함께할 사람들인가?

- 다른 다양한 형태의 드러나지 않은 마을 리더십은 없는가?

- 리더십 경험이 없는 사람들을 어떻게 참여시키고 훈련할 것인가?

마을 만들기 운동의 성공적인 경험이 있어야 한다

- 마을 만들기의 역사적 경험이 있는가? 그 경험은 성공한 것이었나?

- 만약 실패한 경우였다면 지금의 새로운 마을 만들기 과정에 대한 신뢰와 확신을 주기 위해 무엇부터 해야 하는가?

- 전혀 사전 경험이 없는 마을이라면 어떻게 시작해야 좋은가?
  전면적으로 시작하기보다는 단계적으로 작은 사업부터 시작하는 게 바람직하지 않은가?

마을 사람들이 광범위하게 참여해야 한다

- 마을 만들기에 참여하는 사람들이 지역 전체를 대표하는가? 참여하지 않는 사회 그룹은 없는가? 참여하지 않는 사람들은 지역 문제 해결과 사업 결정 과정에 어떤 영향을 미치는가?

- 새로운 사람들이 기존 운동 과정에 큰 어려움 없이 참여하도록 만드는 프로그램이나 과정이 있는가?

- 새로운 사람을 찾고 마을 사람들의 참여를 독려하는 데 충분한 에너지를 쏟고 있는가?

- 참여하지 않는 사람들에게 다가가기 위해 어떤 활동을 하고 있는가?

잘 발전된 의사소통 체계가 있어야 한다

• 마을 만들기 운동의 내용을 적절한 시간대에 소통하고 있는가?

• 마을 만들기 과정에서 의사소통이 중요한 위치를 차지하는가 아니면 부담
스러운 책임으로 여기고 있는가?

• 되도록 많은 사람들과 접촉하기 위해 다양한 방법과 전략을 쓰는가?

조직이나 사람들 사이에서 경쟁하지 말아야 한다

- 마을에 한 개가 아닌 몇 개의 마을 만들기 프로그램을 동시에 진행하고 있는 가? 같은 사람들이 비슷한 활동을 하고 있지는 않은가? 사람들 사이에 갈 등이나 다툼이 일어날 소지는 없는가?

- 조직끼리 벌이는 경쟁 때문에 리더십과 자원을 지나치게 쓰고 있지 않은 가?

조직의 자기정체성을 이해해야 한다

- 마을 사람들이 조직의 목표와 정체성에 대해 합의하고 있는가? 누가 그들을 대표하는가? 조직이 대표하는 마을의 경계는 어디까지인가? 조직의 목표는 무엇인가?

- 마을 사람들은 사업의 우선순위를 분명히 이해하고 있는가?

- 주요 사안을 공정한 과정으로 결정하는가?

- 목표를 이루기 위해 어떤 단계와 절차를 밟아야 하는 지 마을 사람들이 이해하고 있는가?

마을 만들기의 혜택이 많은 사람들에게 돌아가야 한다

• 마을 만들기 사업의 목표와 활동이 마을 사람들이 원하는 것인가?

• 마을 사람들이 마을 만들기의 결과로 예견되는 혜택을 이해하는가?

성과와 과정에 동시 집중해야 한다

- 사업 목표의 성과와 과정 사이에 균형을 이루고 있는가?

- 순수하게 마을 만들기에만 쓸 수 있는 비용이 남아 있는가?

마을 외부 조직과 연대해야 한다

- 조직 활동가나 마을 사람들이 정부 또는 다른 마을 사람들과 공식적 비공식적 관계를 가지고 있는가? 그렇지 않다면, 어떻게 그러한 관계를 만들 것인가?

- 마을 외부의 사람들을 마을 만들기 과정의 주요 조직(예를 들면 이사회나 자문 위원회 등)에 초대해야 하는가?

- 마을 사람들이 연대망을 강화하려는 노력을 하면서 외부 기구(중간 지원 기관 등), 정치인, 미디어, 공무원, 재정 후원자 등 외부인들과 관계를 발전시키고 있는가?

- 우리와 비슷한 마을 만들기 운동을 검토해 보았는가? 그렇다면 우리는 다른 마을로부터 무엇을 배울 수 있는가?

마을 만들기 사업은 단순한 일에서 시작해야 한다

• 계획한 일이 마을 사람들의 능력으로 이룰 수 있는 것들인가?

• 마을 사람들의 기술을 발전시키기 위한 노력의 하나로 단기적 · 장기적인 사업 목표가 있는가?

정보를 체계적으로 모으고
마을의 문제를 분석하는 시스템이 있어야 한다

- 마을의 문제를 충분히 이해하고 있는가?

- 마을 사람들이 토론에 참여할 수 있는 충분한 정보를 갖고 있는가? 그 정보들은 대안을 만들 수 있을 정도의 정보인가? 갖고 있는 정보가 문제를 해결하고 마을 사람들 사이에 합의를 끌어낼 수 있는가?

마을 만들기에 필요한 리더십 프로그램이 있어야 한다

- 마을 사람들에게 어떤 교육 프로그램이 필요한가? 그리고 그 프로그램을 어떻게 만들 것인가?

- 마을 사람들이 특정 영역의 교육이 필요하다고 생각하는가? 어떤 프로그 램이 가장 좋은 효과를 낼 수 있는가?

- 교육 프로그램이 마을 만들기 과정에서 지속적으로 중요한 일부 기능을 하 는가? 아니면 한 번의 프로그램으로 끝나고 마는가? 목표를 세워 활동 내 용을 정하고 모임을 갖는 것 역시 교육 과정의 일부이다. 마을 만들기의 참 여 경험과 교육 프로그램을 적절히 배합하고 있는가?

- 경험 있는 사람들이 새로 참여하는 사람들을 교육시키고 있는가?

기존 조직을 운동 초기부터 참여시켜야 한다

- 마을의 어떤 교회 단체, 학부모 단체, 상공업자 협의회가 마을과 깊은 관계를 맺고 있는가?

- 이들을 어떻게 마을 만들기에 끌어들이는가?

전문가의 도움을 적절하게 받아야 한다

• 외부 전문가의 도움으로 마을 만들기 과정을 보다 빠르게 전개할 수 있는가?

• 전문가들이 단지 정보나 서비스만을 제공하기 원하는가 아니면 좋은 교육 프로그램까지 기꺼이 제공하기를 원하는가?

• 우리가 지원을 받으려는 기술 전문가가 마을 만들기를 실질적으로 지지하고 있는가?

마을 만들기 리더를 꾸준히 길러 내야 한다

- 마을 만들기 과정이 지금의 운동 조직을 시작한 사람에게 지나치게 기대고 있지 않은가?

- 다양한 형태의 리더들 그리고 다양한 자원에 기초한 리더를 찾고 키우기 위해 어떠한 노력이 필요한가?

결정 과정에 마을 사람들이 통제력을 가져야 한다

- 기금을 어떻게 쓸 것인가를 결정하는 데 마을 만들기 운동이 유연성을 가지고 있는가?

- 기금을 제공하는 정부나 기관의 의제는 무엇인가? 그들의 의제와 마을 사람들의 요구가 일치하는가?

내부와 외부 자원이 균형을 이뤄야 한다

- 마을 만들기를 위한 노력이 너무 많은 자원에 압도 당해 내재된 힘의 발현을 막고 있지 않은가?

- 마을 만들기를 위한 노력이 외부 자원을 요구하는 시점에 와 있는가?

- 마을 만들기를 위한 노력이 마을로부터의 자원을 동원하고 있는가?

마을 만들기 활동가는 그 마을을 잘 이해해야 한다

• 마을에서 어떤 결정이 어떻게 이루어지는지 정확히 이해하고 있는가?

• 마을의 사회 규범과 가치, 문화를 이해하고 있는가?

• 마을의 역사를 이해하고 있는가?

• 마을의 서로 다른 그룹의 인구 구성과 그들이 어떻게 서로 연관되는지 이해하고 있는가?

• 마을이 무엇을 필요로 하고 무엇을 어려워하는지 이해하고 있는가?

143

마을의 행복을 위해 진정으로 헌신해야 한다

- 마을의 이익을 최선에 두고 행동하는가?

- 마을 사람들이 활동가들을 공정하다고 믿는가?

- 활동가들이 마을 사람들과 사귀기 위해 시간을 보내는가?

- 활동가들이 오랫동안 마을 만들기 운동에 참여할 뜻이 있는가?

- 마을 만들기 과정에서 겪을 수 있는 고통스러운 시간을 마을 사람들과 함께
  인내할 각오가 되어 있는가?

마을 사람들과 신뢰를 쌓아야 한다

- 마을 사람들과 관계를 발전시키기 위해 시간을 보내는가?

- 마을 사람들과 신뢰 관계를 쌓을 수 있는 사회적 기술이 있는가?

- 특정 사람들을 편애하지 않는가?

- 마을 사람들과 목표와 사명을 공유하는가?

- 마을 사람들이 활동가가 처음에 보여 준 헌신과 약속을 끝까지 지킬 수 있다고 믿는가?

활동가는 다양하고 풍부한 경험을 쌓아야 한다

- 마을 사람들은 어떤 경험을 가진 활동가를 원하는가?

- 일을 하는 데 필요한 경험이 있는가?

- 경험이 부족한 활동가를 위해 교육 프로그램이나 기술 지원을 할 수 있는가?

활동가들은 끊임없이 변화하는 상황과 환경에 유연하게 대처하고 적응해야 한다

• 변화하는 상황과 정치 환경 그리고 사회 풍조에 적응할 수 있는가?

• 마을 사람들에게 유연하게 접근하고 마을의 필요에 적절히 대응하는가?

참고 문헌

1988 Almas, Reidar, "Evaluation of a Participatory Development Project in Three Norwegian Rural Communities," *Community Development Journal*, 23(1).

1992 Ameyaw, Stephen. "Sustainable Development and the Community: Lessons from the KASHA Project, Botswana," *Environmentalist*, 12(4): 267-275.

1990 Arnould. Eric, J. "Changing the Terms of Rural Development: Collaborative Research in Cultural Ecology in the Sahel," *Human Organization*, 49(4):339-354.

1992 Bah, O.M. "Community Participation and Rural Water Supply Development in Sierra Leone," *Community Development Journal*, 27(1): 30-41.

1993 Bergdall, Terry, D. Methods for Active Participation-Experiences in Rural Development from East and Central Africa. Easter Africa: Oxford University Press.

1965 Biddle, William W. and Laureide J. Biddle. *The Community Development Process: The Rediscovery of Local Initiative.* New York: Holt, Rinehart and Winston, Inc.

1996 Blandin Foundation. *1996 Annual Report. Grand Rapids*, MN: Blandin Foundation.

1994 Bolton, Arthur. "A Strategy For Distressed Neighborhoods, in *Strategies for Distressed Neighborhood: A Report From the Center for Integrated Services for Families and Neighborhoods.*" Sacramento: Western Consortium for Public Health- Center for Integrated Services.

1980 Boyte, Harry C. *The Backyard Revolution: Understanding the New Citizen Movement.* Philadelphia: Temple University Press.

1969 Brass, Reitzel, and Associates, Inc. *Community Action and Institutional Change.* Office of Economic Opportunity.

1963 Bruyn, Severyn T. *Communities in Action.* Connecticut College and University Press.

1993 Cable, Sherry. "From Fussin' to Organization: Individual and Collective Resistance at Yellow Creek," in *Fighting Back in Appalachia: Tradition of Resistance and Change,* (Ed.) Stephen Fisher. Philadelphia: Temple University Press.

1975 Chandra, Subhash. *Urban Community Development Programme in India.* New Delhi: National Institute of Public Cooperation and Child Development.

1996 Chaskin, Robert and Prudence Brown. "Theories of Neighborhood Change," in Core Issues in *Comprehensive Community Building Initiatives.* (Ed.) Rebecca Stone. Chicago: Chapin Hall Center for Children.

1985 Checkoway, Barry. "Revitalizing an Urban Neighborhood: A St. Louis Case Study," in *The Metropolitan Midwest: Policy Problems and Prospects for Change,* (Ed) Barry Checkoway and Carl V. Patton. Urbana, IL: University of Illinois Press.

1989 Christenson, James, A. and Jerry N. Robinson Jr. (Eds.). *Community Development in Perspective*. Ames, IA: Iowa University Press.

1970 Clinard, Marshall, B. *Slums and Community Development: Experiments in Self-Help*. New York: The Free Press.

1995 Committee for Economic Development, Research and Policy Committee, *Rebuilding Inner-City Communities: A New Approach to the Nation's Urban Crisis*. New York: Committee for Economic Development.

1989 "Cornell Empowerment Project: Empowerment through Family Support," In the *Networking Bulletin Cornell Empowerment Project* 1:2.

1976 Cottrell, L.S. Jr. "The Competent Community," Chapter in *Further Explorations in Social Psychiatry*, (Ed.) Kaplan, Wilson, and Leighton. New York: Basic Books.

1979 Cox, Fred M., John Erlich, Jack Rothman, John E. Tropman (Eds.), *Strategies of Community Organization*, Third Edition, Itasca, Illinois: F.E. Peacock Publishers, Inc.

1987 Cuyon, Rogelio. "The Soro-Soro Development Cooperative Incorporation: A Case Study on Social Development," *Regional Development Dialogue*, 8:75-97.

1978 Daley, J.M. and T. Winter. "An Evaluation of Intercultural Use of Development Methods," *Journal of the Community Devel-*

opment Society of America, 9(2): 62-75.

1979 Daly, John M. and Charlotte Labit. "Factors Influencing the Success of Intercultural Community Development," *Journal of the Community Development Society of America*, 10(1): 67-82.

1991 Davis, John. *Contested Ground: Collective Action and the Urban Neighborhood.* Ithaca, NY: Cornell University Press.

1993 Delgado, Gary. "Building Multiracial Alliances: The Case of People United for a Better Oakland," in *Mobilizing the Community: Local Politics in the Era of the Global City*, (Eds.) Robert Fisher and J. King. Urban Affairs Annual Review, Sage.

1991 de Roux, Gustave I. "Together Against the Computer: Par and the Struggle of Afro-Colombians for Public Services," in *Action and Knowledge: Breaking the Monopoly with Participatory Action Research*, (Ed.) O. Fals-Borda and M. Rahman. New York: Apex Press.

1976 Development Alternatives, Inc. *Strategies for Small Farmer Development: An Empirical Study of Rural Development Projects in Gambia, Ghana, Kenya, Lesotho, Nigeria, Bolivia, Columbia, Mexico, Paraguay and Peru.* Boulder: Westview Press.

1975 Effrat, Marcia Pelly. The Community: Approaches and Applications. New York: The Free Press.

1994 Eisen, Arlene. "Survey of Neighborhood-Based, Comprehensive Community Empowerment Initiatives," *Health Edu-*

151

cation Quarterly, 21(2): 235-252.

1982   Ekong, Ekong E., and Kamorudeen Sokoya, L. "Success and
        Failure in Rural Community Development Efforts: A Study of
        Two Cases in Southwestern Nigeria," *Community Develop-
        ment Journal*, 17(3): 217-224.

1994   Eng, Eugenia and Edith Parker. "Measuring Community Com-
        petence in the Mississippi Delta: The Interface Between Pro-
        gram Evaluation and Empowerment," *Health Education
        Quarterly* 21: 199-220.

1987   Fagan, Jeffrey. "Neighborhood Education, Mobilization, and
        Organization for Juvenile Crime Prevention," Annals of the
        American Academy of Political and Social Science, 494:57-
        70.

1994   Flick, Louise H., Cordie Given Reese, Gail Rogers, Pamela
        Fletcher, and Joyce Sonn. "Building Communit for Health:
        Lessons from a Seven-Year-Old Neighborhood/University
        Partnership," *Health Education Quarterly*, 21(3):369-380.

1993   Freidenberg, Judith. "Participatory Research and Grassroots
        Development: A Case Study from Harlem," *City and Society*,
        5(1): 64-75.

1993   Gardner, John. *Community Building: An Overview Report and
        Case Profiles*. Wachington D.C. : Teamworks.

1980   Gaventa, John. *Power and Powerlessness: Quiescence and
        Rebellion in an Appalachian Valley*. Urbana, IL.: University of
        Illinois Press.

1994 Gittell, Ross J., Avis C. Vidal, and Robyne S. Turner. *Community Organizing as a Development Strategy: Interim Report on Palm Beach County.* New York City: Community Development Research Center, Graduate School of Management and Urban Policy, New School for Social Research.

1988 Glen, John M. Highlander, *No Ordinary School, 1932-1962.* Lexington: The University Press of Kentucky.

1979 Hancock, Samuel Lee. "Education and Rural Community Development: A Conceptual Model and Jamaican Case." Ph.D. dissertation, virginia Polytechnic Institute and State University.

1984 Hossain, Mosharraf. "Conscientising Rural Disadvantage Peasants Intervention through Group Action in Bangladesh: A Case Study of Proshika," in *Grassroots Participation and Self-Reliance: Experiences in South and Southeast Asia.* (Ed.) A. Rahman. Oxford Press.

1986 Hibbard, Michael. "Community Beliefs and the Failure of Community Economic Development." *Social Service Review,* 60(2): 183-200.

1995 Hinsdale, Mary. *It comes from the People: Community Development and Local Theology.* Philadelphia: Temple University Press.

1996 Joseph, Mark and Renae Ogletree. "Community Organizing and Comprehensive Community Initiatives," in *Core Issues in Comprehensive Community Building Initiatives,* (Ed.) Rebecca Stone. chicago: Chapin Hall Center for Children.

1992   Kincaid, James M. Jr., and Edward C. Knop. Insights and Implications From The Colorado Rural Revitalization Project, 1988-1991. Colorado State University; University of Colorado; Colorado Department of Local Affairs; and the W.K. Kellogg Foundation.

1980   Korten, David A. "Community Organization and Rural Development: A Learning Process Approach," *Public Administration Review*, 40(5): 480-511.

1995   Kotloff, Vauren J., Phoebe Roaf A., and Michelle Albert Gambone. *The Plain Talk Planning Year: Mobilizing Communities to Change.* A Report prepared for The Annie B. Casey Foundation. Philadelphia: Public/Private Ventures.

1995   Kubisch, Anne C., Prudence Brown, Robert Chaskin, Janice Hirota, Mark Joseph, Harold Richman, and Michelle Roberts. *Voices From the Field: Learning from Comprehensive Community Initiatives.* Draft Copy. The Roundtable on Comprehensive Community Initiatives for Children and Families. New York: The Aspen Institute.

1972   Leighton, Alexander H., Edward A. Mason, Joseph C. Kern, and Frederick Leighton. "Moving Pictures as an Aid in Community Development," *Human Organization*, 31(1): 11-21.

1993   Leiterman, Mindy and Joseph Stillman. *Building Community: A Report on Social Community Development Initiatives.* New York: Local Initiatives Support Corporation.

1994 Mayer, Steven E. *Building Community Capacity: The Potential of Community Foundations*. Minneapolis, Minnesota: Rainbow Research, Inc.

1986 McMillian, David W. and David M. Chavis. "Sense of Community: A Definition and Theory," *Journal of Community Psychology*, 14:6-23.

1996 McNeely, Joseph B. "Where Have All The flowers Gone?" in *Core Issues in Comprehensive Community Building Inititives*, (Ed.) Rebecca Stone. Chicago: Chapin Hall Center for Children.

1994 Medoff, Peter and Holly Sklar. Streets of Hope: *The Fall and Rise of an Urban Neighborhood*. Boston: South End Press.

1997 Minkler, Meredith. "Community Organizing Among the Low Income Elderly in San Francisco's Tenderloin District," in *Community Organizing and Community building for Health*, (Ed.) Meredith Minkler. New Brunswick, N.J. : Rutgers University Press, In Press.

1992 Minkler, Meredith. "Community Organizing Among the Elderly Poor in the United States: A Case Study" *International Journal of Health Services*, 22(2): 303-316.

1985 Minkler, Meredith. "Building Supportive Ties and Sense of Community among the Inner-City Elderly: The Tendrloin Senior Outreach Project," *Health Education Quarterly*, 12(4): 303-314.

1979 The National Commission on Neighborhoods. *People Build-*

ing Neighborhoods: Case Study Appendix Vol. II, Final Report to the President and The Congress of the United States. Superintendent of Documents, U.S

1975 National Research Council, *Toward an Understanding of Metropolitan American.* San Francisco: Canfield Press.

1995 O'Donnell, Sandra, Yvonne Jeffries, Frank Sanchez, and Pat Selmi. *Woods Fund of Chicago Evaluation of the Funds Community Organizing Grant Program, Executive Summary and Findings and Recommendations of the Evaluation Team.* Chicago: Woods Funds of Chicago.

1997 Patton, Michael Quinn. *Utilization-focused Evaluation,* third edition. Thousand Oaks, California: Sage Publications.

1992 Paudyal, Dorga Prasad. "Deedar: A Success Story in Cooperative Village Development," Community Development Journal, 27(3): 274-284.

1984 Rahman, A. "The Small Farmer Development Programme of Nepal," in *Grassroots Participation and Self-Reliance: Experiences in South and Southeast Asia.* (Ed.) A. Rahman. Oxford Press.

1992 Rivera, Felix and John Erlich. *Community Organizing in a Diverse Society.* Needham Heights, MA: Allyn and Bacon Press.

1986 Rubin, Herbert J. and Iree Rubin. *Community Organizing and Development.* Columbus, Ohio: Merrill Publishing Company.

1969   Sibley, Willis E. "Social Organizaion, Economy, and Directed Cultural Change in Two Philippine Barrios," *Human Organization*, 28(2): 148-154.

1993   Sullivan, Mercer L. *More Than Housing: How Community Development Corporations Go about Changing Lives and Neighborhoods.* New York City: Community Development Research Center Graduate School of Management and Urban Policy, New School for Social Research.

1996   Stone, Rebecca. "Introduction," in *Core Issues in Comprehensive Community-building Initiatives*, (Ed.) Rebecca Stone. Chicago: Chapin Hall.

1986   Terrant, James and Hasan Poerbo. "Strengthening Community-Based Technology Management Systems," in *Community Management Asian Experience and Perspectives*, (Ed.) David C. Korten. connecticut: Kumarian Press.

1989   Thomas-Slayter, Barbara P. and Richard Ford. "Water, Soils, Food, and Rural Development: Examining Institutional Frameworks in Katheka Sublocation," *Canadian Journal of African Studies*, 23(2): 250-271.

1984   Tilakaratna, S. "Grassroots Self-Reliance in Sri Lanka: Organizations of Betel and Coir Yarn Producers," in *Grassroots Participation and Self-Reliance: Experiences in South and Southeast Asia.* (Ed.) A. Rahman. Oxford Press.

1986   Uphoff, Norman. "Activating Community Capacity for Water Management in Sri Lanka," in *Community Management Asian Experience and Perspectives*, (Ed.) David C. Korten. Connecticut: Kumarian Press.

1974   Vengroff, Richard. "Popular Participation and the Administra-
        tion of Rural Development: The Case of Botswana," *Human
        Organization*, 33(3): 303-309.

1985   Wandersman, Abraham, Richard Roth and John Prestby.
        "Keeping Community Organizations Alive," *Citizen Participa-
        tion*, 6(4): 16-19.

1987   Wanyande, Peter. "Women's Groups in Participatory Devel-
        opment: Kenya's Development Experience through the Use
        of Harambee," *Development: Seeds of Change*, 2(3):95-102.

1963   Warren, Roland L. *The Community in America*. Chicago: Rand
        McNally Press.

1984   Women's Research Committee, Farmers' Assistance Borad,
        Inc., and Women's Health Movement. "The Struggle toward
        Self-Reliance of Organized Resettled Women in the Philip-
        pines," in *Grassroots Participation and Self-Reliance: Expe-
        riences in South and Southeast Asia*.(Ed.) A. Rahman. Oxford
        Press.

지은이 **폴 매티시**

휴먼 서비스의 트렌드와 프로그램, 정책 등을 연구하는 와일드 연구소 소장으로
일하고 있는 폴 매티시는 1973년부터 응용적 사회 프로그램을 연구하면서 다양
한 비영리기관과 재단, 정부에 자문 역할을 해 왔다. 정부와 비영리기관의 주요
과제에 대한 책임을 맡아 수행하였으며, 응용적 사회 프로그램에 대한 많은 저
서가 있다.

옮긴이 **장수찬**

1980년 초부터 충남 · 대전 지역에서 민주화 운동에 전업 활동가로 참여하였다.
1990년 도미하여 미시간주립대학에서 비교정치학을 전공하였고 정치학 박사
학위를 취득하였다. 2000년부터 목원대학교 행정학과 교수로 재직하면서, 주로
민주주의, 시민사회 그리고 사회적 자본에 대한 국가 간 비교연구를 통해 한국
사회의 민주주 진화 수준을 측정하려고 시도하였다. 최근에는 한국 시민사회
역량 강화에 관심을 가지고, NGO 연구, 중간 지원 기관 연구 그리고 마을 만들
기 연구에 집중하고 있다. 이러한 영역에서 단순히 연구자로 활동할 뿐만 아니
라, 실천가로서 활동 영역을 넓혀가고 있다. 저서와 논문에는 『NGO와 정부』『
한국사회 대논쟁』『한국 사회 악순환의 사이클』『신생민주주의의 사회적 함정』
『대인신뢰를 결정하는 요소』 등이 있다.

현장 총서를 펴내며

현장은 문제 발생의 장소이자, 문제 해결의 장소입니다. 현장
을 떠나서는 문제의 원인도, 해결 방안도 찾기 어렵습니다. 충
남 도민들을 위한 연구기관 충남발전연구원이 현장을 떠날 수
없는 이유입니다. 이번에 충남발전연구원이 펴내는 현장 총서
에서는 도민들이 삶의 현장에서 일상적으로 부닥치는 문제를
설명할 수 있는 이론, 개선할 수 있는 정책 그리고 도움이 되는
다른 현장의 사례들을 담고자 합니다. 충남발전연구원 현장 총
서가 현장에서 체득한 실천적 지혜를 모으고, 정리하고, 보급
및 확산하는 역할을 할 수 있기를, 그래서 주민과 지역의 행복
한 변화를 이끄는 데 기여하기를 바랍니다.